Leben.Lieben.Arbeiten **SYSTEMISCH BERATEN**

Herausgegeben von
Jochen Schweitzer und
Arist von Schlippe

Bernd Sprenger

Sprich nicht drüber, aber halte dich dran: Die Macht impliziter Regeln in Systemen

Mit 7 Abbildungen

Vandenhoeck & Ruprecht

Bibliografische Information der Deutschen Nationalbibliothek:
Die Deutsche Nationalbibliothek verzeichnet diese Publikation in der
Deutschen Nationalbibliografie; detaillierte bibliografische Daten sind
im Internet über https://dnb.de abrufbar.

© 2020, Vandenhoeck & Ruprecht GmbH & Co. KG,
Theaterstraße 13, D-37073 Göttingen
Alle Rechte vorbehalten. Das Werk und seine Teile sind urheberrechtlich
geschützt. Jede Verwertung in anderen als den gesetzlich zugelassenen Fällen
bedarf der vorherigen schriftlichen Einwilligung des Verlages.

Umschlagabbildung: pixnio.com, Public Domain (CC0)

Satz: SchwabScantechnik, Göttingen
Druck und Bindung: ⊕ Hubert & Co. BuchPartner, Göttingen
Printed in the EU

Vandenhoeck & Ruprecht Verlage | www.vandenhoeck-ruprecht-verlage.com

ISSN 2625-6088
ISBN 978-3-525-40741-7

Inhalt

Zu dieser Buchreihe 7
Vorwort von Arist von Schlippe 9

I Was sind implizite Systemregeln?

1 Was ist das Thema? 14
2 Implizite Systemregeln – ein Beispiel 16
   2.1 Fallvignette: Eine hoch qualifizierte Frau und zwei
       Patriarchen 16
   2.2 Patriarchale Dynamiken in Familienunternehmen
       und in arabischen Kulturen 18

II Der Kontext

3 Das Individuum und das System 24
   3.1 Was ist der Sinn von offenen und verdeckten
       Systemregeln? 26
   3.2 Wie entstehen implizite Systemregeln? 30
   3.3 Wie erreicht ein System, dass die Regeln tradiert
       und eingehalten werden? 34
   3.4 Wie stabil sind die Regelsysteme, und was kann
       sie verändern? 35
4 Implizite Systemregeln in verschiedenen organisationalen
   Kontexten 37
   4.1 Zuerst die Idee – Kirchen, Gewerkschaften, Parteien 38
   4.2 Feeling well together – NGOs, ehrenamtlich
       betriebene Vereine 41

4.3 Ebit ist alles – Wirtschaft, börsennotierte Unternehmen	44
4.4 Agil und hierarchiefrei – Start-up-Szene	47
4.5 Die Familie zuerst – Familienunternehmen	50
4.6 Der Dienstweg ist der Königsweg – Ministerien, Behörden	52
4.7 Die Kunst schwebt über allem – Galerien, Museen, Theater	55
4.8 Organisation ist unter unserer Würde – Universitäten, Akademien	57
5 Jenseits des eigenen Systemhorizonts	59
5.1 Systemregeln im kulturellen Kontext	60
5.2 Organisationen und Subsysteme	62

III Lehren für Systemisches Coaching und Organisationsentwicklung

6 Vom System her denken	68
7 Double-Loop-Learning für Organisationen	71
8 Implizite Regeln und deren Sinn erfassen	72
9 Technik der Erarbeitung impliziter Regeln	78
10 Keyplayer und »social emotional leaders«: Wer verkörpert die Regeln?	79
11 Systemregeln verändern: Geht das, und wenn ja, wie?	81
12 Fazit	85

IV Am Ende

Literatur	88
Der Autor	91

Zu dieser Buchreihe

Die Reihe »Leben. Lieben. Arbeiten: systemisch beraten« befasst sich mit Herausforderungen menschlicher Existenz und deren Bewältigung. In ihr geht es um Themen, an denen Menschen wachsen oder zerbrechen, zueinanderfinden oder sich entzweien und bei denen Menschen sich gegenseitig unterstützen oder einander das Leben schwermachen können. Manche dieser Herausforderungen (Leben.) haben mit unserer biologischen Existenz, unserem gelebten Leben zu tun, mit Geburt und Tod, Krankheit und Gesundheit, Schicksal und Lebensführung. Andere (Lieben.) betreffen unsere intimen Beziehungen, deren Anfang und deren Ende, Liebe und Hass, Fürsorge und Vernachlässigung, Bindung und Freiheit. Wiederum andere Herausforderungen (Arbeiten.) behandeln planvolle Tätigkeiten, zumeist in Organisationen, wo es um Erwerbsarbeit und ehrenamtliche Arbeit geht, um Struktur und Chaos, um Aufstieg und Abstieg, um Freud und Leid menschlicher Zusammenarbeit in ihren vielen Facetten.

Die Bände dieser Reihe beleuchten anschaulich und kompakt derartige ausgewählte Kontexte, in denen systemische Praxis hilfreich ist. Sie richten sich an Personen, die in ihrer Beratungstätigkeit mit jeweils spezifischen Herausforderungen konfrontiert sind, können aber auch für Betroffene hilfreich sein. Sie bieten Mittel zum Verständnis von Kontexten und geben Werkzeuge zu deren Bearbeitung an die Hand. Sie sind knapp, klar und gut verständlich geschrieben, allgemeine Überlegungen werden mit konkreten Fallbeispielen veranschaulicht und mögliche Wege »vom Problem zu Lösungen« werden skizziert. Auf unter 100 Buchseiten, mit etwas Glück an einem langen Abend oder einem kurzen Wochenende zu lesen, bieten sie zu dem jeweiligen lebensweltlichen Thema einen schnellen Überblick.

Die Buchreihe schließt an unsere Lehrbücher der systemischen Therapie und Beratung an. Unsere Bücher zum systemischen Grundlagenwissen (1996/2012) und zum störungsspezifischen Wissen (2006) fanden und finden weiterhin einen großen Leserkreis. Die aktuelle Reihe erkundet nun das kontextspezifische Wissen der systemischen Beratung. Es passt zu der unendlichen Vielfalt möglicher Kontexte, in denen sich »Leben. Lieben. Arbeiten« vollzieht, dass hier praxisbezogene kritische Analysen gesellschaftlicher Rahmenbedingungen ebenso willkommen sind wie Anregungen für individuelle und für kollektive Lösungswege. Um klinisch relevante Störungen, um systemische Theoriekonzepte und um spezifische beraterische Techniken geht es in diesen Bänden (nur) insoweit, als sie zum Verständnis und zur Bearbeitung der jeweiligen Herausforderungen bedeutsam sind.

Wir laden Sie als Leserin und Leser ein, uns bei diesen Exkursionen zu begleiten.

Jochen Schweitzer und Arist von Schlippe

Vorwort

In dieser Situation wird wohl jede Leserin/jeder Leser einmal gewesen sein: Eine Gruppe kommt für einen gewissen Zeitraum zusammen. Man sitzt im Kreis, nach der ersten Einführungsrunde beginnt ein Gespräch, nach einiger Zeit kommt eine Pause, nach der Pause setzen sich wieder alle auf »ihre« Plätze, es geht weiter. Nach der zweiten Pause setzt sich eine Person, vielleicht ist sie zu spät gekommen oder sie will provozieren, auf den Platz eines anderen. »Hey, das ist mein Platz!« dürfte dessen zu erwartende Antwort sein. Daran mag sich ein Streit anschließen: »Dein Platz? Der *gehört* dir doch nicht!« – »Doch, ich habe hier schon vorhin gesessen!!!« – »Na und?« usw. Wie auch immer der Streit ausgeht, die Herausforderung hat eine simple implizite Regel verdeutlicht: »Wir setzen uns immer auf denselben Stuhl!« Dabei steht natürlich nirgendwo ein Schild, das eine entsprechende Anweisung gäbe (an einigen Hotelpools in Südeuropa soll es ja sogar den Hinweis geben, dass die Liegestühle gerade nicht mit dem eigenen Handtuch reserviert werden sollen – und es geschieht trotzdem).

Im Kleinen begegnen wir hier einem Phänomen, das für unser soziales Leben typisch ist: Wir erleben, wie sich ein soziales Ordnungsmuster entwickelt. Solche Muster entstehen oft ohne tieferen Grund, einfach weil sie entstehen, oft steckt auch keine bewusste Intention dahinter. »Das haben wir schon immer so gemacht!«, heißt es dann etwa lapidar. Gerade bei den impliziten, also nicht angeordneten Regeln, um die es in diesem Buch geht, haben wir es mit solchen emergenten Phänomenen zu tun. Das Zusammenspiel der Elemente eines Systems erzeugt neue Strukturen. Sie entstehen, indem sich Personen in sozialen Kontexten verhalten. Ihre immer gleichen Verhaltensweisen werden zu Mustern, diese können über Regeln beschrieben werden: »Immer, wenn ...«.

Wenn ein Muster einmal entstanden ist, passiert etwas Spannendes: Die impliziten Regeln übernehmen »die Macht«, sie beginnen, das Verhalten zu dominieren. Und interessanterweise halten sich vielfach alle wie von selbst an sie. In Organisationen spricht man dann von Unternehmenskultur. Diese wird von Niklas Luhmann als »unentscheidbare Entscheidungsprämisse« bezeichnet, sie entsteht da, wo Probleme auftauchen, die nicht durch Anweisungen (sprich: explizite Regeln) gelöst werden können (Luhmann, 2000, S. 241). Die Selbstverständlichkeit der impliziten Regeln sorgt zum einen für Reibungslosigkeit, zum anderen macht sie die Akteure selbst blind dafür. Erst wenn sie bewusst gemacht werden – z. B. weil jemand die Regel anspricht, oder wenn sie infrage gestellt werden – etwa durch einen Tabubruch, können sie diskutiert, konfrontiert werden, mit der Chance ihrer Veränderung.

Natürlich ist das mit den impliziten Regeln meist nicht so einfach wie mit dem Einnehmen des immer gleichen Platzes im Seminar. Sie entstehen auch nicht nur durch das Verhalten von ein paar Gruppenmitgliedern. Implizite Regeln sind meist komplexer, sie können die Zugehörigkeit von Personen zu spezifischen Gruppen oder aber deren Ausschluss bestimmen, sie können das Verhältnis der Geschlechter festlegen, die Reihenfolge des Sprechens in einer Teamsitzung oder die Lautstärke, mit der über einen Witz gelacht wird (es wurde übrigens nachgewiesen, dass die Lautstärke des Lachens je nach Status des Erzählers variiert). Implizite Regeln können auch nicht per Anordnung verändert werden, denn sie sind oft schon lange als verdeckte Ordnungsstrukturen etabliert, oft länger als die Akteure, die sie tragen und weitertragen.

Um genau diese Muster geht es Bernd Sprenger in diesem Buch. Seine Beispiele sind zahlreich und sehr eindrücklich. Sie zeigen auf, wie komplex implizite Regeln sind und wie sie in unterschiedlichen Wertesystemen ganz unterschiedliche Formen annehmen können, etwa in der Kirche, in einer Klinik, in der Politik, in einer NGO oder in der Wirtschaft. Sehr prägnant wird hier aufgezeigt, welche Macht den geheimen Spielregeln zukommt und wie wichtig es ist, diese Macht nicht »personenbezogen« zu verrechnen (sie also einem identifizierten Bösewicht zuzuschreiben), sondern sie als Herausforderung zu verstehen, größere systemische Zusammenhänge zu identifizieren und der Reflexion zugänglich zu machen. Wohlgemerkt, das bedeutet nicht, dass Verantwortlichkeiten nicht klar benannt werden sollten. Natürlich ist auch die Frage zu stellen, welche Einflussgruppen eher von impliziten Regeln profitieren und welche dafür einen Preis zu zahlen haben.

Doch der Königsweg der Veränderung liegt darin, Selbstverständlichkeiten zu hinterfragen. Diese stehen nämlich oft im Dienst der Tabuisierung der Regeln. Es ist ja nicht die Aufgabe einer Beraterin/eines Beraters, normativ und brachial Regelsysteme zu verändern. Vielmehr geht es darum, diese immer wieder durch Formen der Enttabuisierung der Beobachtung zugänglich zu machen: Beobachtung verändert, Selbstbeobachtung verändert. Nur das, was man nicht mehr als selbstverständlich ansieht, nur das, was thematisiert wird, kann diskutiert werden. Die sich hier ergebende Chance ist die Bewusstheit – und Bewusstheit kann in Veränderung münden.

Ich wünsche, dass dieses wichtige Buch vielen interessierten Leserinnen und Lesern hilft, ihr Sichtfeld zu erweitern, sensibel für implizite Machtstrukturen in kleineren und größeren sozialen Systemen zu werden und diese mutig zu hinterfragen. Denn darin liegt die Chance zu ihrer Veränderung.

Arist von Schlippe

I

Was sind implizite Systemregeln?

1 Was ist das Thema?

Vor allem im Sommerloch, wenn alle im Urlaub sind und die Nachrichtenlage weniger ergiebig ist als sonst, schaffen es regelmäßig Berichte auf die erste Seite der Zeitungen und Magazine, die man sonst eher weiter hinten im Blatt vermuten würde. Zwei relativ beliebige Beispiele aus dem Sommer 2018: die Berichte über den systematischen sexuellen Missbrauch Jugendlicher durch katholische Geistliche in Pennsylvania (Pitzke, 2018) sowie Artikel über die angeblichen Mobbing-Praktiken von Direktorinnen von Max-Planck-Instituten (Barthels, 2018).

Die Reaktionen in Leserbriefspalten oder sozialen Medien liefern daraufhin zuverlässig Äußerungen von Empörung und Abscheu über die moralische Verkommenheit der Beschuldigten (Priester, Direktor/-innen, Politiker/-innen usw.).

Die Presseabteilung der jeweiligen Institution – sei es die Kirche, ein Forschungsinstitut, eine politische Partei oder ein Unternehmen – lässt dann verlauten, es handele sich um bedauernswerte Einzelfälle. Auch dies geschieht mit verlässlicher Regelhaftigkeit, egal um welche Institution es gerade geht.

Die geneigte Leserschaft wundert sich vielleicht, dass diese Einzelfälle – z. B. sexueller Missbrauch von Kindern und Jugendlichen im Bereich der katholischen Kirche – doch relativ häufig und immer wieder vorkommen, in sehr verschiedenen Kontinenten, zu verschiedenen Zeiten und mit immer anderen Beteiligten, aber immer unter dem Dach der gleichen Institution.

Nun leben wir im Bereich der sogenannten »westlichen Kultur« im Zeitalter eines ausgeprägten Individualismus. Daher ist es doch nur konsequent, das Individuum in den Fokus des Interesses zu rücken: den Priester, der moralisch versagt und kriminell wird, die Führungskraft, die ihre Macht missbraucht, und so weiter.

Eher selten kommen ernsthaft die Institutionen selbst und deren Regeln in den Blick. Das Handeln einzelner Akteure und Akteurinnen in der jeweiligen Institution wird allerdings maßgeblich von diesen Regeln bestimmt. Die institutionellen Regeln – die geschriebenen und vor allem die ungeschriebenen – sind erheblich relevanter für das Entstehen von Missständen, als gemeinhin angenommen wird.

Hierzu ein Fallbeispiel:
Eine hochrangige Mitarbeiterin eines Bundesministeriums beklagt, dass ihre Mitarbeiter/-innen ihr gegenüber illoyal seien, obwohl sie sich sehr viel Mühe gebe, mit diesen konstruktiv ins Gespräch zu kommen. Sie habe sehr viele Ideen, wie man den Bereich, für den sie verantwortlich sei, schlagkräftiger machen könnte, aber die Leute würden einfach nicht mitziehen – allmählich nehme sie das persönlich.

Sie war von einem Managementposten in der freien Wirtschaft ins Ministerium gewechselt und damals aktiv angefragt worden, weil sie in ihrem bisherigen Unternehmen außerordentlich erfolgreich gewesen war. Es habe sie gereizt, berufliche Erfahrungen in einem ganz anderen Feld zu machen als bisher – und jetzt erlebe sie diese Illoyalität. Im Gespräch sagt sie, dass sie die Welt nicht mehr verstehe: »Schließlich war der Umgang mit Mitarbeiterinnen und Mitarbeitern noch nie ein Problem für mich!«

Im Laufe des Coachingprozesses wird deutlich, dass sich diese Frau nie Gedanken über den Kontext gemacht hatte, in dem ihre Arbeit stattfindet. Ein Wirtschaftsunternehmen unterscheidet sich in verschiedenen Punkten fundamental von einer staatlichen Behörde oder einem Ministerium. Das gilt nicht nur für die Aufgaben der Institution – hier ist der Unterschied noch vergleichsweise offensichtlich.

Es gilt vor allem für die expliziten und mehr noch die impliziten Regeln, nach denen die Organisation funktioniert. Diese nicht zu kennen oder zu ignorieren kann fatal sein. Um erfolgreich agieren zu können, muss der/die einzelne Akteur/-in innerhalb einer Organisation ein gutes Gespür für diese Regeln entwickeln.

Das Bemerkenswerte dabei ist, dass die Regeln einer Institution einen kaum zu überschätzenden Einfluss auf das Erleben und auf das Verhalten ihrer Mitglieder ausüben – und zwar oft, ohne dass diese sich dessen wirklich bewusst sind. »Sie ist betriebsblind geworden« ist eine gute Beschreibung dieses Umstandes: Die Mitarbeiterin hat sich, ohne dass dies eine bewusst gewählte Entscheidung gewesen wäre, den Regeln der Institution unterworfen.

2 Implizite Systemregeln – ein Beispiel

2.1 Fallvignette: Eine hoch qualifizierte Frau und zwei Patriarchen

Eines Tages suchte mich Frau L. auf, eine knapp vierzigjährige Ingenieurin, um sich bezüglich ihrer weiteren beruflichen Entwicklung coachen zu lassen. Sie arbeitete in einem deutschen mittelgroßen Unternehmen. Es war nach dem Zweiten Weltkrieg vom fleißigen und sehr kreativen Gründer aufgebaut worden – einer charismatischen Gestalt, die im Bereich des Maschinenbaus einige spezielle Innovationen entwickelt hatte. Er hatte seine kleine Firma im Laufe des letzten halben Jahrhunderts zu einem ansehnlichen Unternehmen ausbauen können, das inzwischen den größten Teil seines Multimillionenumsatzes weltweit im Ausland erzielt. Das Unternehmen ist insofern nicht untypisch für deutsche Mittelständler, die oft kleine Nischen in ihrem Spezialgebiet besetzen, in diesen aber Weltmarktführer sind (Stiftung Familienunternehmen, 2019).

Meine Klientin war schon deshalb ungewöhnlich, weil Frauen in führenden Positionen in ihrem Arbeitsbereich nach wie vor stark in der Minderheit sind (im Studium beginnt sich das langsam zu ändern, aber auch hier betrug der Anteil der Studentinnen in den Ingenieurswissenschaften im Wintersemester 2017/2018 erst 23 % aller eingeschriebenen Studierenden; s. Ingenieur.de, 2018).

Sie habe vom Chef und Gründer des Unternehmens Signale erhalten, wonach er sich vorstellen könnte, sie später als Nachfolgerin an der Spitze des Unternehmens zu sehen. Zu Beginn des Coachings leitete sie den Bereich des Unternehmens, der für die Länder des Nahen Ostens zuständig war. Hier hatte sie in einem arabischen Land erfolgreich zwei Großaufträge abgewickelt.

Gegen Ende der Auftragserfüllung bestand der arabische Auftraggeber auf einem Treffen, bei dem der Chef des deutschen Unternehmens unbedingt dabei sein sollte. Nach Aussage meiner Klientin war dessen Anwesenheit vor Ort noch nie erforderlich gewesen, die Kunden waren bis dato mit ihrer Arbeit rundum zufrieden gewesen. Das Meeting wurde vereinbart, und die Ingenieurin, die das Projekt leitete, flog gemeinsam mit ihrem Chef in den Nahen Osten. Eine genaue Agenda, was bei dem Termin eigentlich besprochen werden sollte, gab es nicht. Ihre Funktion bei dem Treffen war – neben der Rolle der Projektverantwortlichen – die der Übersetzerin: Die Englischkenntnisse ihres Chefs reichten zwar aus für eine Dinnerkonversation, für eine komplexe geschäftliche Besprechung brauchte er allerdings eine Dolmetscherin.

Meine Klientin berichtete: »Wir haben uns getroffen, mein Counterpart auf der Kundenseite, den ich von unserer Zusammenarbeit gut kannte, brachte mehrere Herren mit, die verschiedene Funktionen in seinem Unternehmen innehatten. Wir wurden fürstlich bewirtet bei einem stundenlangen Dinner, bei dem über weite Strecken gesellschaftlicher Small Talk ausgetauscht wurde – es ging den ganzen Abend nicht wirklich um das Projekt, schon gar nicht um irgendwelche relevanten Details. Ich war die einzige Frau in der Runde, selbst das Personal war männlich. Ich saß die ganze Zeit neben meinem Chef und kam kaum zum Essen, weil ich häufig mit Übersetzen beschäftigt war. Insgesamt habe ich mich an diesem Abend sehr unwohl gefühlt.«

In der Zeit nach diesem Geschäftsessen mit dem Großkunden habe sich das Verhalten des Firmenpatriarchen ihr gegenüber verändert – nicht auf einen Schlag, auch nicht durch einen konkreten Anlass, sondern eher schleichend. Er gehe distanzierter mit ihr um, über die Frage der Nachfolge werde nicht mehr gesprochen, obwohl dieses Thema in der Firma allgegenwärtig sei – schließlich stehe der Firmengründer schon kurz vor seinem achtzigsten Geburtstag. Plötzlich brächte er seinen Sohn als Nachfolger ins Spiel; dieser habe weder eine Ausbildung als Ingenieur noch als Betriebswirt oder Jurist, die ihn für einen Geschäftsführerposten geeignet erscheinen lassen würde. Bisher sei von diesem Sohn auch nie die Rede gewesen, da er beruflich vollkommen andere Interessen verfolgte als sein Vater.

Was war passiert? Meiner Klientin haben zwei sich überschneidende Systemdynamiken zum Nachteil gereicht, deren Wirkmächtigkeit sie entweder gar nicht wahrgenommen oder stark unterschätzt hatte: Ich nenne sie der Einfachheit halber die beiden »patriarchalen Dynamiken«.

2.2 Patriarchale Dynamiken in Familienunternehmen und in arabischen Kulturen

Frau L. arbeitete in einem Familienunternehmen, gesellschaftsrechtlich war es eine GmbH. Der Gründer war geschäftsführender Gesellschafter und hielt die Mehrheit der Anteile der Gesellschaft. Andere Mitglieder seiner Familie, darunter die drei Kinder, besaßen ebenfalls

Anteile der Gesellschaft, übten jedoch keine operativen Funktionen aus. Der alte Chef verkörperte einen Unternehmertypus, den es im Deutschland der Nachkriegszeit häufig gegeben hatte: junge Leute, die sich nach dem Desaster zweier verlorener Kriege und angesichts eines zerstörten Landes sowie einer moralisch schweren historischen Hypothek daranmachten, das Land wieder aufzubauen. Sie gründeten kleine Firmen, waren immens fleißig und trugen so wesentlich zum deutschen Wirtschaftswunder bei. Bis heute ist es so, dass mittelständische Unternehmen, darunter viele Familienbetriebe, zahlenmäßig das Rückgrat der deutschen Wirtschaft darstellen; bei der Stiftung Familienunternehmen ist nachzulesen: »Mehr als 90 Prozent der deutschen Unternehmen sind Familienunternehmen. Sie stellen fast 60 Prozent aller Arbeitsplätze und erweisen sich auch in konjunkturell schwierigen Zeiten als stabilisierender Faktor auf dem Arbeitsmarkt« (Stiftung Familienunternehmen, 2019b).

Wenn wir im Zusammenhang mit Familienunternehmen von »patriarchaler Dynamik« sprechen, so ist damit ein Bündel von Systemeigenschaften gemeint, die im Coachingalltag in solchen gründergeführten Unternehmen wie dem, in dem Frau L. arbeitet, oft zu beobachten sind (Kellermanns u. von Schlippe, 2012; von Schlippe, 2018):

- Der Gründer und »Patriarch« genießt in der Belegschaft und bei Kunden eine hohe Wertschätzung über alle Höhen und Tiefen der Unternehmensgeschichte hinweg.
- Eine professionelle Trennung von beruflicher Rolle und Person ist unerwünscht oder zumindest dem System fremd.
- Es findet keine mentale (und oft auch keine räumliche) Trennung zwischen beruflichem und privatem Leben statt. Familienmitglieder haben einen Sonderstatus inne, häufig unabhängig davon, ob sie im Management tätig bzw. Miteigentümer/-innen sind oder nicht.

- Familienmitglieder werden Arbeitskräften »von außen« vorgezogen, wenn irgend möglich.
- Die Unternehmenskultur wird oft folgendermaßen beschworen: »Wir sind doch hier alle eine große Familie« (ein Satz, der für den Unternehmenskontext definitiv nie stimmt, weil Unternehmensregeln andere sind als Familienregeln).

Frau L. hatte die Wirkmacht dieser auch in ihrem Unternehmen geltenden impliziten Regeln unterschätzt – sie ging irrtümlicherweise davon aus, dass es »nur« um fachliche Qualifikation und persönliches Engagement ginge.

Die zweite patriarchale Dynamik betrifft den Kulturkreis des Kunden von Frau L.: In arabischen Kulturen sind Frauen in Führungspositionen nach wie vor sehr unüblich, und die gesellschaftliche Stellung der Frau ist eine deutlich andere als in westlichen Industriegesellschaften. Man halte sich vor Augen, dass z. B. in Saudi-Arabien den Frauen das selbstständige Autofahren erst im Jahre 2018 (!) erstmals gestattet wurde. Natürlich haben auch arabische Unternehmen gelernt, mit weiblichen Fach- und Führungskräften ihrer ausländischen Partnerunternehmen insofern adäquat umzugehen, als diese in einer bestimmten professionellen Funktion im Rahmen eines Projektes auftreten. Allerdings ist die kulturelle Hintergrundfolie, wonach Geschäfte eigentlich Männersache seien, auch im Kontext gemeinsamer Arbeit untergründig ständig präsent.

Bei dem Geschäftsessen, zu dem der Chef des deutschen Unternehmens und seine Projektleiterin Frau L. eingeladen waren, haben sich diese beiden patriarchalen Dynamiken nun gegenseitig verstärkt – und Frau L. geriet sozusagen ins Kreuzfeuer. Im Kontext dieses Dinners war es für ihren Chef vermutlich durchaus eine Kränkung, dass er ihrer als Übersetzerin bedurfte – das könnte sein Abrücken von ihr als potenzieller Nachfolgerin erklären. Gleichzeitig reduzierten die nahöstlichen Geschäftspartner Frau L. auf eine dienende Rolle – im Einklang mit den impliziten Mustern ihrer eigenen Kultur. Sie fand sich an diesem Abend plötzlich nicht mehr in der Rolle der kompetenten Ingenieurin, die ein anspruchsvolles Projekt gemanagt hat, sondern in der einer dolmetschenden Hilfskraft wieder, die als Frau eigentlich sogar stört im Kreise der anwesenden Patriarchen …

Der Kontext

3 Das Individuum und das System

Es gibt eine breite wissenschaftliche Auseinandersetzung mit dem Thema »Individuum und System«; die Soziologie, die Organisationstheorie, die Psychologie und die Politologie befassen sich je nach Fachgebiet mit verschiedenen Aspekten dieses Verhältnisses (z. B. Alt, 2001; Bosetzky, Heinrich u. Schulz zur Wiesch, 2002; Forgas, 1999; Knoblach u. Fink, 2012; Weinert, 2004).

In der täglichen Arbeit des Coachings von Fach- und Führungskräften begegnet uns die Frage, wie die Beratung suchende Person und die Organisation, in der sie tätig ist, jeweils interagieren, in nahezu jedem Einzelfall. Die hier folgenden Ausführungen speisen sich aus der Erfahrung vieler solcher Coachings mit Klientinnen und Klienten aus ganz verschiedenen Organisationen. Sie erheben keinen Anspruch auf wissenschaftliche Systematik.

Eines ist allen Fällen, so verschieden sie im Detail auch sein mögen, gemeinsam: Der Einfluss der offenen und verdeckten Regeln des Systems auf das Individuum wird dramatisch unterschätzt. Das führt bisweilen zu Situationen, in denen ein Problem auf einem Feld gelöst werden soll, auf dem es gar nicht lösbar ist.

Hierzu ein Fallbeispiel:
Der Koordinator des Vorstandssekretariats eines großen Verbandes meldet sich zum Coaching an. Auf die Frage nach seinem Ziel berichtet er, der Vorstandsvorsitzende meine, es würde sich lohnen, wenn er an seiner Sozialkompetenz arbeite. Der gesamte Vorstand – insgesamt fünf Leute einschließlich des Vorsitzenden – sei alles in allem sehr zufrieden mit seiner Arbeit und betrachte es durchaus als Incentive, dass er zum Coaching geschickt werde: »Ich sage immer, man sollte alles tun, damit gute Leute noch besser werden können«, habe sein Vorstandschef ihm wörtlich gesagt.

Mein Klient leitet das Vorstandssekretariat, wobei er die Arbeit von vier weiteren Mitarbeitenden zu koordinieren hat und als wichtige Schnittstelle zu allen möglichen Akteuren innerhalb und außerhalb der Organisation fungiert. Vom ersten Gespräch an wirkt er hoch motiviert, offensichtlich versteht er die Möglichkeit zum Coaching (dessen Kosten selbstverständlich die Organisation trägt) als Auszeichnung, wie es ihm vom Vorstandsvorsitzenden gesagt worden war.

Da mir klar ist, dass der Begriff »Sozialkompetenz« äußerst unscharf definiert ist, frage ich den Klienten, was genau er eigentlich meine – und das möglichst anhand konkreter Beispiele aus seinem Arbeitsalltag. Ich bitte ihn, mir solche zu nennen, woran er selbst feststellen könne, dass seine »Sozialkompetenz ausbaufähig« sei. Er benennt im Folgenden lauter Situationen, in denen er faktisch in das Zentrum von Konflikten zwischen einzelnen Akteuren innerhalb seiner Organisation geraten ist – da er als »Gatekeeper« für den Zugang zum Vorstand fungiert, ist er ein sehr gefragter Mann, wenn es darum geht, Termine bei diesem zu bekommen. Viele der Konflikte, die er schildert, müssten vom zuständigen Vorstandsmitglied bzw. dem Vorstandsvorsitzenden geklärt werden, was aber häufig nicht geschehe. Es gibt – für mich ganz offensichtlich – einige durchaus benennbare Systemprobleme. Eines davon ist die unklare Abgrenzung der Zuständigkeiten innerhalb des Vorstandes, ein weiteres die ungeschriebene Regel, dass man in dieser Organisation Konflikte nicht offen auf den Tisch legen darf. Außerdem gibt es eine Regel, die wirkmächtig, aber quasi »geheim« ist: »Wir ziehen hier alle an einem Strang, es gibt nicht wirklich unterschiedliche Interessen.« Diese Regel ist sowohl unrealistisch als auch unausgesprochen, aber implizit sehr wirksam. Sie ist vor allem deshalb quasi »geheim«, weil sie offensichtlich ein Ideal beschreibt, aber keineswegs die Wirklichkeit: Auch in dieser Organisation gibt es, wie überall, oft durchaus sehr unterschiedliche Interessen einzelner Akteure und Akteurinnen.

Das Entscheidende ist jetzt aber, dass die Benennung dieser impliziten organisationalen Regel tabuisiert ist. Statt des offenen Diskurses und der Hinterfragung der Sinnhaftigkeit der Regel werden ihre konkreten Folgen individualisiert. Die zum Teil lang andauernden schwelenden Konflikte zwischen einzelnen Mitgliedern des Vorstandes der Organisation werden weder benannt noch gelöst – stattdessen wird dem Mann, der an der Schnittstelle der Konfliktlinien steht, mangelnde Sozialkompetenz bescheinigt. Er bekommt sogar ein Coaching finanziert, damit er diese vermeintlichen »Mängel« beseitigen kann – eine unlösbare Aufgabe sowohl für ihn als auch für den Coach.

Damit wird ein Systemproblem individualisiert, die Lösung wird dort gesucht, wo sie grundsätzlich nicht zu finden sein wird: Auch noch so viele Coachingstunden werden nicht helfen, weil das Problem nicht auf der Ebene des Individuums liegt, sondern auf der der Systemregeln. Das führt durchaus zu gar nicht so seltenen und immer schwierigen Situationen für Coaches, die mit solchen Fällen konfrontiert sind – mehr dazu im Kapitel III.

Aus diesem Beispiel und vielen ähnlich gelagerten Situationen ergeben sich nun einige Fragen zum Verhältnis »Individuum – System«:
- Was ist der Sinn von offenen und verdeckten Systemregeln?
- Wie entstehen implizite Systemregeln?
- Wie erreicht ein System, dass die Regeln tradiert und eingehalten werden?
- Wie stabil sind die Regelsysteme, und was kann sie verändern?

3.1 Was ist der Sinn von offenen und verdeckten Systemregeln?
Jedes soziale System kennt explizite und implizite Systemregeln. Diese Regeln sind unerlässlich dafür, dass das System überhaupt funktioniert. Genauer: Das System kann nur dann arbeiten, wenn sich die Mitglieder auch an die Regeln gebunden fühlen und sich

regelkonform verhalten. Sobald dies nicht mehr der Fall ist, zerfallen Systeme.

Dies kann man z. B. im politischen Bereich bei revolutionären Umstürzen sehen: Wenn sich eine große Mehrheit der Bevölkerung nicht mehr der aktuell herrschenden Ordnung verpflichtet fühlt, können die Staatsorgane nur noch durch den Einsatz massiver Gewalt bis hin zum Staatsterror das System aufrechterhalten. Im kleineren Maßstab, dem System Familie, kennen das vor allem Eltern pubertierender Kinder: Sie erleben oft schmerzhaft, dass die von ihnen aufgestellten Systemregeln keine Wirkung mehr zeigen, weil die Kinder unter Missachtung der Regeln beginnen, eigene Wege zu gehen.

Regelsysteme – explizite wie implizite – haben neben der Aufgabe, für das Funktionieren des Systems zu sorgen, einen weiteren wichtigen Zweck: Sie stiften Identität und Zugehörigkeit. Mit anderen Worten: Wer sich regelkonform verhält, gehört dazu. Diejenigen, die Regeln offen verletzen oder auch nur infrage stellen, geraten schnell an den Rand des jeweiligen Systems.

Ein gute Beschreibung der Identitätsstiftung von Systemen leistet der Habitus-Begriff. Die Habitustheorie wurde wesentlich von den Soziologen Norbert Elias und Pierre Bourdieu geprägt (Elias, 1976; Bourdieu, 1997). Habitus meint ein den Mitgliedern einer Gruppe gemeinsames Set von Überzeugungen, Haltungen, Dresscodes, Verhaltens- und Ausdrucksweisen, an denen man erkennen kann, dass eine Person zu dieser Gruppe gehört. Der Habitus wäre in unserem Sinne ein Teil der impliziten Regeln eines Systems.

Paradoxerweise beginnt die Veränderung von Systemregeln häufig vom Rand her. Dort findet man diejenigen, die die Regeln – von innen – zu verletzen beginnen und Grenzen verschieben. Das führt dann entweder dazu, dass die betreffenden Personen ausgeschlossen werden und das System die alten Regeln beibehält, es kann aber auch der Beginn einer Evolution der Systemregeln sein. Beispiel:

Wenn man heute in ein Theater geht, gilt kein allgemein verbindlicher Dresscode mehr dafür, wie man sich zu diesem Anlass zu kleiden hat. Das war vor einem halben Jahrhundert noch anders: Damals machten sich die Leute für einen Theaterbesuch noch fein. Seither hat eine Evolution des Dresscodes stattgefunden, ohne dass es einer expliziten Regeländerung bedurft hätte.

Manchmal laufen auch beide Prozesse nacheinander ab: zuerst Ausschluss derjenigen, die gegen die Regeln verstoßen, und dann Veränderung der Regeln. Historisch bekannte Beispiele aus der Kunstgeschichte sind die verschiedenen Sezessionen. In ihnen haben zunächst kleine Gruppen von bildenden Kunstschaffenden den jeweils zu ihrer Zeit gültigen akademischen Kodex verletzt und sind neue Wege gegangen, indem sie radikal anders gemalt haben, als dies bis dahin von den Kunstakademien gelehrt worden war. Schließlich wurden sie selbst zu Begründern neuer Kunstrichtungen, die dann ihrerseits Teil des künstlerischen Mainstreams wurden (z. B. die Berliner Secession mit dem sogenannten Berliner Impressionismus und die Wiener Secession, die zum Jugendstil führte – beide Bewegungen entstanden Ende des 19. Jahrhunderts).

Explizite Regeln sind quasi »offiziell«, häufig schriftlich niedergelegt und bilden die offen einsehbare Basis für ein System: Die Verfassung eines Landes, die Arbeitsanweisungen eines Betriebes, aber auch die ›Mission Statements‹ von Unternehmen und die öffentlichen Äußerungen von führenden Persönlichkeiten über Regeln des Systems gehören dazu.

Letztere führen häufig zu heftigen Kontroversen. Als Beispiel kann hier der Satz gelten: »Der Islam gehört zu Deutschland.« Er wurde sinngemäß 2010 vom damaligen Bundespräsidenten Christian Wulff in seiner Bremer Rede zum 20. Jahrestag der Deutschen Einheit geäußert. Erstmals hat diesen Satz im öffentlichen Raum allerdings Wolfgang Schäuble im Jahr 2006 formuliert (Detjen, 2015). Die bis heute anhaltende Diskussion um diese Aussage zeigt, dass um Systemregeln häufig gerungen werden muss – besonders, wenn Regeln sich verändern. Solange dies offen und transparent geschieht, wie bei der öffentlichen Diskussion dieses Satzes, handelt es sich durchaus um einen sinnvollen und funktionalen Prozess.

Anders verhält es sich mit den impliziten Systemregeln. Man könnte diese vielleicht als systemische Entsprechung des individuellen Unbewussten bezeichnen. Beim einzelnen Menschen ist das Unbewusste der »Ort«, von dem aus bestimmte körperliche und seelische Prozesse gesteuert werden, ohne dass das Individuum sich aktiv um diese Steuerungsmechanismen kümmern müsste. Das beginnt mit der Atmung (wir atmen einfach, ohne uns bewusst mit diesem Vorgang befassen zu müssen) und geht bis zu komplexen seelischen Prozessen.

Ein solch komplexer seelischer Prozess ist die sogenannte Abwehr. In der psychoanalytischen Tradition wird Abwehr als ein *unbewusster* Prozess konzeptualisiert, der dazu dient, unangenehme oder ängstigende Inhalte dem Bewusstsein fernzuhalten. Werkzeuge dieser Abwehr sind z. B. Verdrängung oder Verleugnung (Freud, 1936/1984). Implizite Regeln haben für ein System offenbar eine ähnliche Funktion: Sie dienen der Aufrechterhaltung des Systems, ohne dass sie offen verhandelt und festgelegt werden – die Entstehung der impliziten Regeln ist komplexer. Diese Systemregeln sind deshalb weitaus interessanter als die expliziten, weil sie viel weniger offensichtlich sind. Sie sind sehr wirkmächtig und normalerweise nicht auf den ersten Blick erkennbar – und sie sind manchmal sogar den Akteurinnen und Akteuren *im* System nicht bewusst.

Man kann implizite Regeln häufig nur erschließen, indem man ein System beobachtet und feststellt, dass es repetitive Muster gibt, die auf solche Regeln schlussfolgern lassen. Das funktioniert wie die Arbeitsweise eines Türstehers vor einem Club: Er entscheidet, wer hineindarf und wer nicht. Was bei oberflächlicher Betrachtung als Willkür des Türstehers erscheint, gehorcht normalerweise einem Bündel impliziter Regeln: Wer erfüllt das erwünschte Gästeprofil dieses Clubs? Das heißt, wer hat das »richtige« Alter, die »richtige« sexuelle Orientierung, die »richtige« Kleidung, um hier eingelassen zu werden? Gäste, die diese Regeln nicht kennen und naiverweise Einlass begehren, verstehen dann nicht einmal, warum sie nicht erwünscht sind.

3.2 Wie entstehen implizite Systemregeln?

Bei impliziten Systemregeln geht es zunächst, wie bei den expliziten Regeln auch, um die Funktion des Systems, dem die betreffende implizite Regel dienen muss. Allerdings kommt bei der impliziten Regel eine wichtige Dimension hinzu: die Geschichte des Systems. Dazu eine Analogie: Wenn wir in den nächtlichen Sternenhimmel schauen, blicken wir in die Vergangenheit des Universums. Das Licht der Sterne braucht – je nach Entfernung des Sterns – viele Jahre, bis es von der Erde aus sichtbar wird; daher sehen wir nicht einen Stern, wie er jetzt gerade leuchtet, sondern wie er geleuchtet hat vor schon lange vergangener Zeit.

Ebenso verhält es sich mit impliziten Systemregeln: Sie sind häufig Ausdruck der historischen Situation eines Systems, in der sie entstanden sind. Möglicherweise sind die Regeln im Hier und Jetzt der Gegenwart gar nicht mehr funktional – aber dennoch weiterhin wirksam.

Hierzu ein Fallbeispiel:
Ein Unternehmen stellt eine Abteilungsleiterin für einen der zentralen Bereiche seiner Wertschöpfung ein. Sie erhält ausdrücklich den Auftrag, die stark hierarchisch strukturierte Abteilung »schneller zu machen«, die Hierarchien flacher zu gestalten und einzelne Mitarbeitende zu ermutigen, selbstständiger zu handeln und zu entscheiden.

Sie macht sich mit Feuereifer an diese Aufgabe und verändert entsprechende hierarchische Strukturen sehr rasch. Sie kommt zum Coaching, als sie feststellt, dass der für ihren Bereich zuständige Vorstand ihr immer kritischer bis hin zu offener Feindseligkeit begegnet, obwohl sie doch nur ihren Auftrag erfülle.

Was lag hier vor?

Viele Unternehmen haben heutzutage erkannt, dass sie andere Strukturen brauchen, um angesichts des hohen Veränderungstempos in der Weltwirtschaft wettbewerbsfähig zu bleiben. Es werden dann explizit als neue Regeln z. B. verkündet: Steile Hierarchien seien nicht mehr zeitgemäß, man brauche die Selbstverantwortung der Einzelnen, man wolle »den Unternehmer im Unternehmen« etc. Implizit gilt aber weiterhin die alte Regel: »Ober sticht Unter« bzw. »Alle Projekte müssen hierarchisch genehmigt werden«. Personen, die diese implizite – *aus der Vergangenheit stammende* – Regel nicht beherzigen und tatsächlich die althergebrachte formale Hierarchie missachten, geraten schnell in Schwierigkeiten und wundern sich, weshalb das so ist – sie haben sich doch regelkonform gemäß der neuen, explizit benannten Regel verhalten! Das war auch in dem beschriebenen Fallbeispiel so – meine Klientin hatte sich nach ihrem expliziten Auftrag verhalten, aber die implizite Regel nicht beachtet. Faktisch war sie damit in eine institutionelle »Double-bind-Situation« geraten (Watzlawick, Beavin u. Jackson, 1969).

Eine weitere wichtige Quelle für die Entstehung impliziter Systemregeln sind die Werte, die das System tragen. Hierbei geht es fast immer um eine Mischung von gesamtgesellschaftlichen Wertekodizes und Werten einer bestimmten Branche oder Tradition, zu der das System gehört.

Im Gesundheitswesen beispielsweise kam es in der Vergangenheit schon des Öfteren zu massiven Konflikten im Zuge der zunehmenden Privatisierungen von Kliniken, die in Deutschland im letzten Viertel des 20. Jahrhunderts Fahrt aufnahm. Der Ursprung dieser Konflikte lag wesentlich in unterschiedlichen Werteprioritäten der verschiedenen Akteure und Akteurinnen im Gesundheitssystem. Traditionell hatten wirtschaftliche Überlegungen für Ärzte, Ärztinnen und Pflegekräfte eine deutlich geringere Priorität gehabt als die gute Versorgungsqualität und die ethischen Regeln der Medizin. Sich Zeit für die Kranken zu nehmen, gehörte zu den wichtigsten Punkten, ebenso die beste Versorgung für alle ohne Berücksichtigung ökonomischer Faktoren. Die Klinikunternehmen, die dann viele Krankenhäuser übernahmen und ökonomische Faktoren als relevant einstuften, wurden (und werden bis heute) vom Klinikpersonal nicht selten heftig bekämpft – mit Argumenten, die sich auf die Werteebene beziehen und für sich auch in Anspruch nehmen, moralisch wertvoller zu sein als etwa ökonomische Argumente. Die entsprechenden Diskussionen sind häufig hoch emotional aufgeladen – was im Übrigen oft ein Hinweis darauf ist, dass es um grundsätzliche Wertefragen geht, die den aktuell diskutierten Themen zugrunde liegen.

Gelegentlich werden implizite Systemregeln auch aus Mythen über das System abgeleitet. Ein Mythos berichtet von einer »Wahrheit jenseits des Faktischen«, d. h., es handelt sich um eine Erzählung über das Wesen einer Beziehung, einer Institution usw., nicht um die Darstellung historischer Fakten (dies ist nicht zu verwechseln mit »Fake News«, bei denen historische Faktizität lügenhaft dargestellt wird). Wenn sich Systemregeln an Mythen statt an der beobachtbaren Realität orientieren, kann es zu grotesken Fehleinschätzungen im Selbstbild des Systems kommen. Ein Beispiel hierzu folgt in Kapitel 4.4 über die verdeckten Regeln bei Start-ups (s. Seite 47).

Nicht zuletzt sind die jeweiligen Machtverhältnisse in Systemen entscheidend für die impliziten Regeln. Insbesondere dort, wo Macht nicht offen verhandelt wird, sorgen Mächtige dafür, dass die impliziten Regeln eingehalten werden. In diesem Fall dienen die Regeln faktisch nur der Aufrechterhaltung der eigenen Macht. Ein Beispiel hierfür ist die #MeToo-Debatte, die im Herbst 2017 begann. Sie benannte die Zustände in der Unterhaltungsbranche und im Showbusiness. Es war deutlich geworden, dass dort und in einigen anderen von männlicher Macht stark dominierten Systemen (wie etwa der Politik) implizite Regeln bezüglich sexueller Übergriffigkeit galten. Diese Regeln besagten z. B., dass im System sexualisierte Grenzverletzungen durch mächtige Männer nicht sanktioniert werden, sondern im Showbusiness »halt dazugehören« (man denke etwa an die berüchtigte sogenannte Besetzungscouch, auf der über die Vergabe von Rollen in Filmen oder Theaterstücken im Tausch gegen sexuelle Willfährigkeit entschieden wurde). Diese Grenzverletzungen umfassten einen weiten Bereich von anzüglichen Bemerkungen über berufliche Zurücksetzungen bis hin zur Vergewaltigung. Erst das kollektive Aufbegehren der Opfer führte dazu, dass diese impliziten Regeln überhaupt sichtbar und Gegenstand der Diskussion geworden sind.

Implizite Regeln werden gar nicht so selten dadurch geschützt, dass ihre offene Benennung oder gar die Diskussion über ihre Veränderung tabuisiert ist. Schon im Kunstmärchen »Des Kaisers neue Kleider« von Hans Christian Andersen wird dieses Tabu beschrieben (Andersen, 1837/2015): Alle schaulustigen Untertanen tun so, als habe der Kaiser prachtvolle Gewänder an, obwohl er nackt ist – was jede und jeder sehen kann. Allein das Tabu, diese Tatsache auszusprechen, erhält die Illusion von Pracht und damit die Macht aufrecht. Die Existenz impliziter Regeln und die Tabuisierung des Sprechens darüber dienen also dem Erhalt des Systems und seiner Machtverhältnisse – besonders dann, wenn das System sich zunehmend als dysfunktional erweist.

Ein gutes Beispiel dafür ist auch der Umgang des Vatikans mit dem althergebrachten Regelsatz der katholischen Kirche. In ihm gibt es viele Regeln, die in der heutigen Zeit – zumindest in den entwickelten Industriegesellschaften – nicht mehr uneingeschränkt akzeptiert werden, auch nicht von Würdenträgern im System. Der Zölibat, der Umgang mit Frauen in der Amtskirche und auch der Satz von der Unfehlbarkeit des Papstes, wenn er »ex cathedra« spricht, erscheinen vielen Gläubigen nicht mehr zeitgemäß. Die anhaltend hohe Zahl von Kirchenaustritten, die ernsthaften Nachwuchsprobleme beim Priesterberuf und die stark abnehmende Bedeutung der Kirche für ihre Mitglieder (wohlgemerkt in den Kulturkreisen der entwickelten Industriegesellschaften!) weisen auf eine zunehmende Dysfunktionalität althergebrachter Regeln hin. Trotz all dieser Fakten weigert sich der Vatikan, eine ernsthafte Diskussion über die Reform von expliziten (und erst recht impliziten) Regeln zuzulassen – wohl wissend, dass eine solche Diskussion die eigene Machtbasis vermutlich massiv infrage stellen würde.

Der Ursprung impliziter Systemregeln kann auch in einzelnen Persönlichkeiten liegen. Wenn diese eine hohe moralische Autorität besitzen und eine große Strahlkraft, können sie durch ihr Vorbild implizite Regeln schaffen, die das System übernimmt. Ein solcher Fall aus der jüngeren Geschichte wäre Nelson Mandela, dessen persönliche Integrität wesentlich dazu beigetragen hatte, dass das Ende der Apartheid in Südafrika nicht mit einem großen Blutvergießen einherging. Freilich zeigt dieses Beispiel auch, wie begrenzt der Einfluss selbst der charismatischsten Führergestalt sein kann – ist das Vorbild nicht mehr da, können die Regelsysteme, für die sie persönlich standen, schnell erodieren.

3.3 Wie erreicht ein System, dass die Regeln tradiert und eingehalten werden?

Auf der expliziten Ebene sorgen Systeme durch Sanktionen dafür, dass die Regeln eingehalten werden. Wie gravierend diese Sanktionen sind, richtet sich nach der Schwere der Regelverletzung und reicht von vergleichsweise milden Strafen bis zum Ausschluss aus dem System: Wer bei Rot über die Ampel fährt, bekommt für eine Zeit lang die Fahrerlaubnis entzogen, wer sich parteischädigend verhält, kann aus einer politischen Partei ausgeschlossen werden, usw.

Die impliziten Regeln werden subtiler geschützt. Die Tabuisierung als zentralen Mechanismus dieses Schutzes haben wir schon erwähnt. Verletzt man ein Tabu, hat dies individualpsychologisch normalerweise zur Folge, dass Schuld- oder Schamgefühle auftauchen. Bezogen auf das System geraten diejenigen, die Tabus verletzen, schnell an den Rand des Systems, und es droht der Ausschluss aus der Gruppe. Beides – die Scham- und Schuldgefühle und der drohende Ausschluss – sind sehr mächtige Mittel, um Menschen »auf Linie« zu bringen. Wir sind Gruppenwesen und mithin auf Zugehörigkeit angewiesen – vom Beginn des Lebens an bis ins hohe Alter.

3.4 Wie stabil sind die Regelsysteme, und was kann sie verändern?

Wer schon einmal mit Veränderungsprozessen von Systemen zu tun hatte (z. B. beim Change-Management in Unternehmen), kann ein Lied davon singen, wie zäh diese in der Regel ablaufen. Dass sich kein Widerstand gegen Veränderung regt, ist eher die Ausnahme: »You cannot understand a system until you try to change it« (Schein, 1996, S. 34). Widerstand zeigt sich oft sogar dann, wenn Veränderungen notwendig sind, damit das System überhaupt eine Zukunft hat. Warum ist das so? Dieser Umstand bedarf einer näheren Betrachtung.

Vermutlich geht es hier nicht nur um ein psychologisches oder soziologisches Phänomen, sondern man muss die Biologie bemühen, genauer: die Hirnforschung (z. B. Purps-Pardigol, 2015). Wir wissen heute, dass nur ein geringer Teil dessen, was im Gehirn geschieht, uns bewusst wird. Mit anderen Worten: Der Mensch ist ständig bemüht, Prozesse quasi zu »automatisieren«. Wer gelernt hat, Auto zu fahren, hat das selbst erlebt: Die erste Fahrstunde ist eine einzige Überforderung, weil man mit allen Extremitäten irgendetwas machen muss (lenken, schalten, Gas geben usw.); außerdem soll man noch auf die Straße schauen und die Rückspiegel im Blick haben ... Nach einigen Jahren Fahrpraxis läuft all das automatisiert ab, und wir können uns mühelos am Steuer mit anderen Autoinsassen unterhalten – die Aufmerksamkeit wird erst wieder auf das Fahren fokussiert, wenn eine ungewöhnliche Verkehrssituation dies erfordert.

Biologischer Sinn dieses Strebens nach Automation ist vermutlich, dass unser »Arbeitsspeicher« – das aktuelle Bewusstsein – voll umfänglich für die in der Gegenwart zu bewältigenden Aufgaben zur Verfügung steht. Müssten wir z. B. bei einem konzentrierten Gespräch auch noch darauf achten, wie wir atmen, wie unsere Mimik aussieht und unsere Körperbewegungen, wäre das sehr ineffektiv – diese Prozesse laufen unbewusst, gleichsam automatisch ab.

Jede Veränderung von automatisierten Prozessen ist daher mit einem Störgefühl verbunden. Sie können das leicht ausprobieren, indem Sie etwa Ihre Armbanduhr einmal an das Handgelenk binden, an dem Sie die Uhr normalerweise nicht tragen – es stellt sich ein unangenehmes Gefühl ein. Und hier sprechen wir noch von einem recht simplen Beispiel. Je komplexer die Veränderung wird, desto größer ist das Störgefühl (was alle aus eigener Erfahrung kennen, die schon einmal einen eingeübten Bewegungsablauf, z. B. beim Sport, umtrainieren wollten).

Auch aus der Stressforschung ist bekannt, dass z. B. ein Umzug in eine andere Stadt eine hohe Stressbelastung im Alltag darstellt. Nach dem, was wir jetzt über das Streben nach Routine im Gehirn wissen, ist das auch kein Wunder: In der neuen Umgebung ist alles anders. Der Lichtschalter ist links statt rechts, das Regal steht anders usw. Auch die Umgebung muss man sich erst aneignen. Wenn dann die Alltagswege zum Bäcker, zum Supermarkt, zum Briefkasten wieder automatisiert sind, nimmt der Stress allmählich ab. Man hat sich eingelebt.

Das heißt bezogen auf unser Thema: Regelsysteme sind, wie wir gesehen haben, sowohl explizit als auch implizit (unbewusst) – und in jedem Fall komplex. Nach den obigen Überlegungen ist jetzt besser zu verstehen, warum sie so stabil sind – auch dann, wenn sie sich in einer bestimmten Situation nicht mehr als funktional erweisen: Die Veränderung des Systems und seiner Regeln verursacht immer Stress für die Beteiligten, die Störgefühle sind mehr oder weniger ausgeprägt und speisen den Widerstand gegen die Veränderung. Was das für den Umgang von Coaches mit solchen Situationen bedeutet, erfahren Sie in Kapitel III.

4 Implizite Systemregeln in verschiedenen organisationalen Kontexten

In diesem Kapitel werden einige implizite Systemregeln benannt, die gewissermaßen idealtypisch für die unterschiedlichen Arten von Organisation stehen. Diese Zusammenstellung ist nicht das Resultat einer empirisch-sozialwissenschaftlichen Untersuchung, sondern das Ergebnis meiner langjährigen Beobachtung von Coachingverläufen bzw. Organisationsentwicklungsprojekten in den einzelnen Bereichen.

Es ist zu beachten, dass die für eine bestimmte Organisation aufgeführten idealtypischen Regeln durchaus auch in anderen, ähnlichen Organisationen zu beobachten sind. So gibt es etwa Überschneidungen der impliziten Regeln bei Kirchen, Gewerkschaften und Parteien sowie bei NGOs (Nichtregierungsorganisationen mit einer bestimmten inhaltlichen Ausrichtung, z. B. Naturschutz, Flüchtlingshilfe usw. – die Liste ist hier beliebig lang).

4.1 Zuerst die Idee – Kirchen, Gewerkschaften, Parteien

In diesem Abschnitt geht es um Organisationen, die sich primär durch die Verpflichtung auf eine bestimmte Religion bzw. Konfession, eine politische Richtung oder eine spezifische weltanschauliche Sichtweise definieren. Dies geschieht im Bereich der offiziellen, veröffentlichten Regeln der Organisationen. Hier ist in der Satzung, Präambel oder Grundsatzerklärung genau beschrieben, für welche inhaltliche Ausrichtung das System steht. Ich nenne diese Organisationen »Gesinnungsorganisationen«, weil man ihnen nur angehören kann, wenn man die offiziell benannte Gesinnung des Systems teilt.

Damit ergibt sich schon fast automatisch die erste implizite, nicht so ohne Weiteres selbstverständliche Regel: Die Gesinnung ist wichtiger als alles andere, gegebenenfalls auch wichtiger als Professionalität. Diese Priorisierung ist sogar im Fall der Kirchen grundgesetzlich geschützt. Ihnen steht gemäß Art. 140 GG in Verbindung mit Art. 137, Abs. 3, der Weimarer Verfassung von 1919 ein Selbstbestimmungsrecht zu, das sich bis in den Bereich des Arbeitsrechts erstrecken kann.

Das Thema »Gesinnung zuerst« kann zu heftigen Konflikten führen, wie im Beispiel eines katholischen Krankenhauses. Das hatte einen seiner Chefärzte entlassen, weil dieser nach seiner Scheidung ein zweites Mal geheiratet hatte, was nach den innerkirchlichen Regeln nicht erlaubt ist. Der Fall erregte Aufsehen, weil der gekündigte Arzt bis zum Bundesarbeitsgericht ging, um zu erreichen, dass die Entlassung rückgängig gemacht werde. Er argumentierte sinngemäß, dass es bei seiner ärztlichen Aufgabe nicht um die Frage gehen könne, wie er zur Ehe stehe. Das BAG gab ihm recht. Die Kirche legte Widerspruch gegen das Urteil ein und der zweite Senat des Bundesverfassungsgerichts sprach Recht zugunsten des katholischen Krankenhauses (Thielmann, 2014).

Im Falle der Kirchen ist die Regel »Zuerst die Idee« noch relativ offensichtlich, zumal es zu ihr immer wieder gerichtliche Auseinandersetzungen gibt. Bemerkenswert erscheint dabei, dass auch immer wieder unterschiedlich geurteilt wird, wie im obigen Fall. Das wäre ein Hinweis darauf, dass wir es hier möglicherweise mit einer allmählichen Änderung impliziter Regeln zu tun haben, weil diese gesamtgesellschaftlich gesehen überholt sind. Eine solche Änderung aber ist – abgesehen von der Situation bei Revolutionen – immer ein langsamer Prozess, der selten geradlinig in eine Richtung verläuft. Es ist bei langsamen Regeländerungen vielmehr zu beobachten, dass in einigen Bereichen nach der alten Regel verfahren wird, in anderen bereits nach einer neuen. Beides existiert parallel und gleichzeitig, wie die Gerichtsurteile hierzu belegen. Es verwundert nicht, dass diese Gleichzeitigkeit unterschiedlicher Regelungen in derselben Organisation zu erheblichen Verwerfungen führen kann.

In anderen Organisationen, deren implizite Regeln nicht so offen verhandelt werden wie in den Kirchen, kann die Regel, wonach die »richtige« Gesinnung wichtiger ist als alles andere, für Betroffene überraschende Folgen haben.

Hierzu ein Fallbeispiel:
Eine Klientin, die als Abteilungsleiterin in einer Gesinnungsorganisation mit dem ausdrücklichen Auftrag eingestellt worden war, die Arbeitsprozesse in ihrer Abteilung zu modernisieren und zu beschleunigen, kam relativ verzweifelt zum Coaching. Sie verstehe die Welt nicht mehr: Wann immer sie genau das versuche, wofür sie explizit eingestellt worden sei, würden ihr Knüppel zwischen die Beine geworfen. Ihre Arbeit werde, mal subtil und mal ganz offen, sabotiert. Unmittelbarer Anlass ihres Wunsches nach Unterstützung durch ein Coaching war eine Vorstandsentscheidung zu ihren Ungunsten: Sie hatte einen Konflikt mit einem Mitarbeiter, der sich ihren Reformvorstellungen partout widersetzt hatte, und der Vorstand hatte sich gegen sie auf dessen Seite geschlagen.

Was war passiert? Bei diesem Mitarbeiter handelte es sich um einen »altgedienten Kämpfer für die gute Sache«. Sie hingegen war »die Neue von außen«. Trotz des (expliziten) Wunsches des Vorstands, sie möge Arbeitsprozesse professionalisieren, war die (implizite) Regel stärker: »Hier geschieht nichts gegen den Willen der Leute mit der richtigen Gesinnung!«

Für das Coaching in solchen Fällen ist entscheidend, dass man nicht der Versuchung erliegt, das Problem zu individualisieren – weder als Problem der Klientin, die halt nicht geschickt genug an ihre Aufgabe herangehe, noch als Problem des Vorstandes, der ihr in den Rücken falle. Wichtig ist, die Systemregel zu verstehen, die hier greift: »Zuerst die Idee!«, bzw. in diesem Fall konkreter: »Ein altgedienter, treuer Mitarbeiter mit der richtigen Gesinnung darf nicht übergangen werden.«

Das konkrete Vorgehen, das man der Klientin empfehlen sollte, hängt dann von mehreren Faktoren ab: Wie hoch ist die Bereitschaft der Führung der Organisation, sich mit impliziten Regeln auseinanderzusetzen? Wie schätzt man die Kräfteverhältnisse zwischen Bewahrenwollen und Verändernmüssen in der Organisation ein? Welche Kräfte für die beiden Seiten dieser Ambivalenz gibt es im System? Kann ein Metadialog über die impliziten Systemregeln geführt werden? Wie stark ausgeprägt ist die Tabuisierung der impliziten Regeln im System?

Im Sommer 2019 gab es im Bereich der politischen Parteien mehrere Beispiele zu der Frage, wie eng die Gesinnungsregeln einer solchen Gruppierung sein müssen und wie stark sich die Mitglieder an diese Regeln zu halten haben bzw. welchen Spielraum ein einzelnes Mitglied hat, ohne an den Rand des Systems zu geraten oder sogar hinauszufliegen. Die beiden traditionellen Volksparteien SPD und CDU diskutierten den Parteiausschluss einzelner Personen

(SPD: zum wiederholten Male Thilo Sarrazin; CDU: Hans-Georg Maaßen). Auch die verhältnismäßig neue Mitspielerin auf der politischen Bühne, die AfD, beschäftigt sich nahezu ständig mit der Frage, wer noch dazugehört und wer ausgeschlossen werden müsse. Hier handelt es sich ganz offensichtlich um einen politischen Richtungskampf: Die Regeln, die sich durchsetzen werden, werden schließlich anzeigen, wofür die Partei steht – und wer (noch) dazugehören kann und wer nicht. Es geht bei solchen Diskussionen im Umfeld von politischen Parteien eigentlich immer um die Grenzen der »richtigen« Gesinnung und nur selten um inhaltliche Positionen zu operativen politischen Themen wie Rente, Außenpolitik, Sozialstaat, Gesundheitssystem usw.

Weiterhin kann man bei Gesinnungsorganisationen beobachten: Je fragiler die Organisation ist, desto größer scheint die Tendenz zu sein, sehr rigide Regeln aufzustellen, wer als zugehörig zu gelten hat und wer nicht. In kleinen religiösen Sekten oder sektenhaften politischen Bewegungen etwa, die sich weit entfernt von breiter gesellschaftlicher Akzeptanz bewegen, gelten oft sehr strenge Gesinnungsregeln nach dem Muster »Wer nicht für uns ist, ist gegen uns«. Hier dient das Set impliziter Regeln vor allem der Versicherung der eigenen Identität und der Abgrenzung gegenüber einer als grundsätzlich feindlich wahrgenommenen Außenwelt.

4.2 Feeling well together – NGOs, ehrenamtlich betriebene Vereine

Nichtregierungsorganisationen (NGO = Non-governmental Organization) und Vereine, deren Arbeit ausschließlich ehrenamtlich verrichtet wird, haben viel gemeinsam mit Gesinnungsorganisationen. Bei NGOs geht es in der Regel um ein bestimmtes Thema, für das sie sich starkmachen – Naturschutz, Gefangenenhilfe, Seenotrettung, Bürgerrechte usw. Ebenso dienen Vereine, insbesondere wenn sie als gemeinnützig anerkannt worden sind, meist bestimmten ideellen Werten: Tierschutz, Hilfe für Kinder in Not, Unterstützung für Gehörlose usw. Insofern ist die Schnittmenge mit den Gesinnungsorganisationen hoch, und es gelten oft die gleichen impliziten Regeln. Eine wichtige wird hier jedoch zusätzlich sichtbar: Ich nenne sie die »Wohlfühl-Regel«: »Das Wichtigste ist, dass wir uns gut miteinander verstehen und es keine heftigen Konflikte gibt.« Wenn man Mitglieder solcher Organisationen fragt, ob ihnen diese implizite Systemregel bekannt vorkomme, stimmen sie oft spontan zu – und man bekommt die Erklärung für die Regel gleich mitgeliefert: Schließlich sei man ja freiwillig und aus hehren Motiven engagiert, außerdem bekomme man wenig (NGO) oder gar kein (Verein) Geld für seine Arbeit, da sei es ja wohl klar, dass man sich wenigstens wohlfühlen können müsse. Der Harvard-Philosoph Michael Sandel hat hierzu ein sehr lesenswertes Buch geschrieben, in dem er an vielen Beispielen zeigt, welch enormer Unterschied in den Transaktionen innerhalb eines Systems zu sehen ist in Abhängigkeit davon, ob eine Tätigkeit bezahlt wird oder ehrenamtlich erfolgt (Sandel, 2014).

Die Wohlfühl-Regel bringt häufig eine zweite implizite Regel mit sich: »Konflikte sind schädlich und müssen unbedingt vermieden werden.« Während in professionellen Organisationen der Konflikt oft ein Hinweis darauf ist, welche Probleme drängen und gelöst werden müssen (Sprenger, 2016, S. 201), tun »Wohlfühl-Organisationen« alles, um Konflikte entweder zu vermeiden oder unter den Teppich zu kehren.

Hierzu ein Fallbeispiel:
Der Abteilungsleiter einer international tätigen NGO bat um eine Mediation für seine Abteilung. Das Problem sei, dass viele Mitarbeiterinnen und Mitarbeiter mit einem Kollegen nicht klarkämen, der sicherlich »eine akzentuierte Persönlichkeit« besitze. Die genau-

ere Auftragsklärung ergab, dass der Abteilungsleiter sehr genau beschreiben konnte, welche Verhaltensweisen dieses Mitarbeiters immer wieder für Reibereien sorgten. Auf meine Frage, warum er ihn nicht mit diesem Verhalten konfrontiere und darauf bestehe, dass er es abstelle, meinte er: »Na ja, ich will ja jetzt keinen Ärger vom Zaun brechen ...« Die genauere Analyse der Situation ergab weiterhin, dass der Mitarbeiter insofern auch noch der »Star« der Abteilung war, als er die meisten Spendengelder einwarb. Er war sich der Tatsache bewusst, dass er für die allein von Spenden getragene Organisation ökonomisch eine wichtige Rolle spielte, und nahm sich deshalb Privilegien heraus, die die anderen Mitglieder regelmäßig sehr verärgerten (Unpünktlichkeit, Nichteinhaltung von Absprachen und andere Unzuverlässigkeiten). Am bemerkenswertesten war allerdings die Tatsache, dass alle Mitglieder des Systems – einschließlich des Chefs – alles taten, um zu vermeiden, dass die heiklen Punkte besprochen werden konnten. Das hätte die Regel des gemeinsamen Wohlfühlens (vermeintlich) infrage gestellt.

Es verblüfft immer wieder, welches Ausmaß von Dysfunktionalität bezüglich der alltäglichen Zusammenarbeit Systeme in Kauf nehmen, die dieser Regel folgen. In manchen Vereinen hängt nicht nur der sprichwörtliche Haussegen schief (was ja in jeder Organisation, in der Menschen zusammenarbeiten, mal vorkommt). Dort wird eisern an der Wohlfühl-Regel festgehalten, selbst wenn das in der Satzung festgeschriebene Vereinsziel nicht mehr erreicht werden kann – Hauptsache, alles bleibt harmonisch (eine Systemdynamik, die übrigens auch in vielen Familien diagnostiziert werden kann).

Wenn man diesen Umstand als außenstehende Person benennen will, begegnet man in der Regel Befürchtungen wie »Wenn wir das offen ansprechen, fliegt uns der ganze Verein um die Ohren«. Hier wird präzise ausgesprochen, wozu die implizite und tabuisierte

Regel ursprünglich dienen sollte: den Zusammenhalt des Systems sicherzustellen.

Die Tragik besteht darin, dass das Regelwerk auch dann noch aufrechterhalten wird, wenn es sich längst nicht mehr als hilfreich, sondern im Gegenteil als destruktiv herausstellt. So manche Engagierte eines Vereins haben deshalb nicht nur das Amt aufgegeben, sondern gleich den Verein enttäuscht verlassen.

4.3 Ebit ist alles – Wirtschaft, börsennotierte Unternehmen

> Ebit (engl.) = earnings before interest and taxes,
> deutsch »Gewinn vor Zinsen und Steuern«

Im Wirtschaftsleben ist es selbstverständlich, dass die Beteiligten, seien es Einzelpersonen oder Unternehmen, mit ihrer Tätigkeit Geld verdienen wollen. Ebenso selbstverständlich ist es, dass kaum jemand im Feld der Wirtschaft dies als primäres Ziel und als Zweck des eigenen Handelns angibt. Man wird schwerlich eine Werbebroschüre oder eine Webseite finden, auf der es heißt: »Wir wollen Ihr Geld.« Dort steht in der Regel, was das Unternehmen herstellt oder der Dienstleister anbietet. Nun entsteht manchmal der Eindruck, dass geradezu versteckt werden soll, dass es bei wirtschaftlichen Aktivitäten *auch* um Rentabilität geht – wobei hier sicherlich »auch« das entscheidende Wort ist. Henry Ford, dem US-amerikanischen Industriellen und Gründer der Ford Motor Company, wird das Zitat zugeschrieben: »Ein Geschäft, das nur Geld einbringt, ist ein schlechtes Geschäft.«

Nach meiner Einschätzung würden die meisten heutigen Unternehmer/-innen und leitenden Angestellten Fords Satz durchaus unterschreiben: Man stelle schließlich dieses oder jenes Produkt her oder liefere diese oder jene Dienstleistung – selbstverständlich in hoher Qualität – und erziele damit logischerweise auch einen Profit; aber um diesen gehe es sicherlich nicht in erster Linie.

Im Coaching von Führungskräften ist jedoch häufig eine andere, verdecktere Regel zu finden: Der Gewinn ist alles. Sämtliche anderen Aspekte des Wirtschaftens werden dann dieser Regel untergeordnet. Spätestens wenn die finanziellen Ergebnisse mal nicht so optimal sind oder der Quartalsgewinn zurückgeht, greift die oberste Regel wieder. Das hat weitreichende Konsequenzen für das Denken und Handeln von Führungskräften.

Hierzu ein Fallbeispiel:
Der Personalvorstand eines großen Unternehmens mit mehreren zehntausend Beschäftigten hatte viele Jahre investiert, um Führungskräfte zu schulen, umfassend verantwortlich handeln zu können. Er hatte eine präzise Vorstellung davon, was zu dieser Verantwortung gehöre: selbstverständlich ein guter Blick für Wirtschaftlichkeit und Profitabilität, aber auch ein hohes Bewusstsein für Qualität und für soziale sowie umweltbezogene Verantwortung. Konkret hieß das, dass die Sorge um den Erhalt von Arbeitsplätzen und nachhaltiges Wirtschaften in Bezug auf die Umweltverträglichkeit des Unternehmens als hohe und gleichberechtigte Werte neben den Wirtschaftlichkeits- und Qualitätsfaktoren im Bewusstsein der Führungskräfte verankert werden sollten. Es wurden hierzu über Jahre umfangreiche Schulungen und Diskussionsrunden angeboten und die Führungskräfte zu ihrer Teilnahme verpflichtet. Ein Teil der individuellen Boni der Führungskräfte war sogar an die Verpflichtung auf diese Ziele gebunden.

Als die Ergebniszahlen des Unternehmens, das über viele Jahre ein stetiges Ergebniswachstum vorweisen konnte, erstmals stagnierten, begannen die Probleme. Der Personalvorstand, der die hehren Ziele seiner Führungskräfteentwicklung für bare Münze genommen hatte und persönlich dafür einstand, machte plötzlich die Erfahrung, dass die unausgesprochene Regel »Ebit ist alles« alle anderen Werte ausstach. Sein Vorstandsvorsitzender warf ihm sogar »Naivität« vor, als er sich auf die Werte berief, die in der offiziellen Hochglanzbroschüre des Unternehmens ausdrücklich beschworen worden waren und auf die er seine Führungskräfteentwicklung aufgebaut hatte. Auch seine Einwände, dass das Konzernergebnis schließlich das Resultat aus sehr vielen Faktoren sei, wurden unter dem finanziellen Druck weggewischt.

46 Eine solche Orientierung allein an den Ergebniszahlen ohne vertieftes Nachdenken darüber, wie multifaktoriell diese zustande kommen und wie man diese wieder verbessern kann, hat oftmals fatale Folgen. Es werden dann z. B. brachiale Spar- oder Umstrukturierungsprogramme exekutiert, als gäbe es kein Morgen. Viele Mitarbeiter/-innen werden nachhaltig in ihrer Motivation beschädigt, und das Topmanagement wundert sich schließlich, warum es beim Personal keine Begeisterung mehr wecken kann, wenn die Auftragslage wieder besser wird – eben dann wäre man auf engagierte und motivierte Kräfte angewiesen. Wenn diese jedoch keinerlei Vertrauen mehr in das eigene Management haben und allen offiziell geäußerten Absichten mit Unglauben oder Zynismus begegnen, verweisen sie oft auf konkrete negative Erfahrungen in der Vergangenheit. Diese Personen haben ein- oder mehrfach erlebt, dass beim ersten Rückgang der finanziellen Ergebnisse nur noch die eine Regel zählt: Ebit ist alles. Das Topmanagement seinerseits macht letztlich die Erfahrung, dass auch die schönsten Versicherungen, man habe sehr wohl alle Faktoren des Erfolgs im Blick, schlicht nicht mehr geglaubt werden. Vertrauen, das durch die konkreten Erfahrungen des Personals zerstört worden ist, lässt sich dann auch durch noch so ausgefeilte Kommunikationsstrategien nicht mehr aufbauen.

Es scheint so zu sein, dass die »Ebit ist alles«-Regel in dem Maß häufiger zu finden ist, in dem der Kapitalmarkt allein der ausschlaggebende Faktor insbesondere für große Unternehmen darstellt. Die heutige Struktur dieses Marktes fragt nach Quartalsergebnissen und schnellen Profiten und macht manche Handelnde in entscheidenden Positionen eher kurzatmig. Die Verkürzung der Ideen des Shareholder-Value (Wert des Unternehmens für die Aktionäre und Aktionärinnen) auf eine einzige Zahl hat sicherlich ebenso zu dieser Entwicklung beigetragen (z. B. Wimmer, 2002). Es scheint dabei leicht in Vergessenheit zu geraten, dass langfristige Erfolge eigentlich nie mit kurzatmigem Management zu erreichen sind. Unternehmenserfolg und -misserfolg hängen von sehr vielen Parametern ab, nicht nur von finanziellen.

Ein weiterer vermehrt beobachtbarer Nebeneffekt der »Ebit ist alles«-Regel ist die Bereitschaft vieler Führungskräfte, sehr hart am Rande der Legalität oder auch jenseits der gesetzlich zulässigen Grenze zu operieren. Die betrügerischen Machenschaften der Autoindustrie bei der Abgasmanipulation oder der Finanzindustrie bei Themen wie Geldwäsche, Kursmanipulationen oder Cum-Ex-Geschäften sorgen nunmehr seit Jahren für Schlagzeilen in der Tagespresse.

4.4 Agil und hierarchiefrei – Start-up-Szene

Unter Start-up-Szene werden hier zum einen die Unternehmen verstanden, die tatsächlich im genuinen Sinn Start-ups sind, also Neugründungen, aber auch jene Teile von größeren Unternehmen, die organisiert werden wie Start-ups. Diese zeichnen sich in der Regel durch eine hohe Affinität zu allem Digitalen, eine kleine und junge Mitarbeiterschaft, innovative Ideen und hohe Motivation des Personals aus.

In der modernen (Pop-)Kultur gibt es inzwischen bereits eine eigene Mythologie, die sich mit diesem Teil der Wirtschaft befasst. Der Mythos berichtet von einem oder mehreren jungen Leuten (praktisch immer Männer, Frauen kommen so gut wie nie vor), die eine geniale Idee haben und von deren Umsetzung besessen sind. Sie beginnen als Teenager in der elterlichen Garage zu basteln und schaffen innerhalb kürzester Zeit dank ihrer Genialität und ihres Fleißes Multimilliarden-Imperien, die als Leuchttürme der modernen Wirtschaft fungieren. Diese Teenager gehören zum Nerd-Typus – Sonderlinge, die nichts interessiert, was altersentsprechend wäre, weil sie Tag und Nacht nur für ihr Projekt leben. Die Belohnung besteht darin, mit dreißig Jahren die erste Dollarmilliarde gemacht zu haben. Der Eindruck von Parallelen zum Goldrausch im Kalifornien des 19. Jahrhunderts drängt sich auf: Auch dort zogen Tausende hin, aber tatsächlich wurden nur wenige reich, weil sie eine Goldmine fanden. Mit den heutigen Start-ups ist es nicht anders: Neun von zehn scheitern innerhalb von drei Jahren (Grabmeier, 2019).

Wie viele Mythen entfacht auch dieser eine beträchtliche Attraktivität für junge, begeisterungsfähige Menschen. Und selbst gestandene Unternehmen erliegen ihm gelegentlich. Sie erhoffen, durch eine Quasi-Start-up-Gründung eine Dynamik erzielen zu können, die dem Mutterunternehmen – in der Regel ein großer und nur langsam manövrierfähiger Aktiengesellschafts-»Tanker« – abgehe.

Hierzu ein Fallbeispiel:
Der Vorstand eines großen börsennotierten Unternehmens stellte fest, dass ihm das Thema Digitalisierung – von Geschäftsprozessen einerseits, aber auch von Wertschöpfungsprozessen andererseits – in seinem Unternehmen nicht schnell und innovativ genug vonstattenging, und beschloss daher, ein kleines Start-up im Unternehmen zu gründen. Es wurden ein Dutzend Fachkräfte für verschiedene Aspekte der digitalen Aufgaben gesucht – niemand war älter als 35 Jahre. Diese wurden großzügig mit Kapital und guten Gehältern ausgestattet und genossen weitgehende Freiheiten, sich ihren Aufgaben zu widmen. Mit anderen Worten: Man erlaubte dieser Einheit, sich eher fern von den tradierten geltenden Unternehmensregeln zu entwickeln.

Etwa ein Jahr nach Beginn dieser Unternehmung fand ein Workshop unter externer Leitung statt, weil sich eine Reihe von Problemen aufgetürmt hatte, die das Start-up aus eigener Kraft nicht mehr gelöst bekam. Folgende drei implizite Regeln wurden in diesem Start-up-System sichtbar: »Wir sind grundsätzlich viel besser und schneller als traditionelle Organisationen«, »Wir sind maximal agil und brauchen keine verbindlichen Regeln, weil wir alle hoch motiviert sind« und »Wir brauchen keine Hierarchien« (Rohrberg u. Hermann, 2019).

Die Orientierung des Systems an diesen impliziten Regeln hatte zu bemerkenswerten Effekten geführt: Es wurde ein verbissener, aber verdeckter Machtkampf darum geführt, wer denn jetzt die Richtung der kleinen Einheit im Unternehmen bestimmen dürfe. Außerdem war eine enorme Verantwortungsdiffusion festzustellen: Bei wichtigen Vorhaben war nicht klar, wer wofür genau die Verantwortung trug und wer z. B. die Einhaltung von Terminen zu verantworten hatte. Der Versuch, eine höhere Verbindlichkeit herbeizuführen – auch nur für gemeinsame Besprechungstermine (!) –, endete damit, dass mehrere getrennt voneinander das Unternehmen verließen mit dem Argument: »Das ist nicht mein Ding.«

Was war hier passiert? Ganz offensichtlich wurde der Mythos von genialischen, in der Abgeschiedenheit bastelnden, autonom agierenden jungen Leuten verwechselt mit der harten Realität des Auftrages, den das Mutterunternehmen dem Start-up mitgegeben hatte. Die impliziten, vom Start-up-Mythos getragenen Regeln hatten sich als ziemlich dysfunktional erwiesen. Es folgte ein – für die Beteiligten durchaus schmerzhafter – Lernprozess in mehreren Schritten, der schließlich zu einer besseren und zielorientierteren Arbeitsweise führte.

Auch dieses Beispiel zeigt, welch starke Wirkung implizite Regeln entfalten können. Hier ist sicherlich bemerkenswert, dass diese Regeln nicht aus der Historie des eigenen Systems erwachsen sind, sondern aus dem Vorbild eines Mythos, der – wie alle Mythen der Menschheitsgeschichte – einen starken Einfluss ausübt auf diejenigen, denen er attraktiv erscheint.

4.5 Die Familie zuerst – Familienunternehmen

Familienunternehmen stellen nach wie vor das Rückgrat der deutschen Wirtschaft dar (s. o.). Viele dieser Unternehmen gehorchen nicht der »Ebit ist alles«-Maxime als wichtigster impliziter Regel, weil sie einen anderen Zeithorizont verfolgen als Aktiengesellschaften in anonymem Streubesitz. Das genuine Interesse an nachhaltigem Wirtschaften speist sich bei Familienunternehmen aus dem Wunsch, die erreichten Erfolge auch in folgenden Generationen zu erhalten und den »guten Namen« der Familie weiterzuführen. Dafür werden wirtschaftliche Nachteile durchaus in Kauf genommen (z. B. Berrone, Cruz u. Gomez-Mejia, 2012). Dieser Umstand kann dann zu der impliziten Regel führen, die wir hier genauer betrachten wollen: »Egal was passiert: die Familie zuerst!«

Familienunternehmen zeichnet die Besonderheit aus, dass in den jeweiligen Subsystemen andere Regeln herrschen: Innerhalb der Familie gelten etwa andere Loyalitätspflichten als innerhalb des Unternehmens, innerhalb des Funktionskreises der Eigentümerschaft sind wieder andere Regeln am Werk. Die Kreise überschneiden sich, und es bedarf großer Sorgfalt des Managements, um hier nicht ungewollt in eine Schieflage zu geraten, weil nicht ausreichend klar ist, welche Regeln genau für welchen Bereich angewendet werden müssen (ausführlich hierzu z. B. von Schlippe, 2014; von Schlippe, Groth u. Rüsen, 2017).

Hierzu ein Fallbeispiel:
Der Gründer eines kleinen Familienunternehmens bat um Unterstützung wegen zunehmender Streitigkeiten unter seinen drei Kindern und künftigen Erben, die zunehmend das Wohlergehen und den

wirtschaftlichen Erfolg der Firma bedrohten. Alle drei waren in unterschiedlicher Weise in das Unternehmen involviert: Seine Tochter, die Älteste, fungierte als seine Stellvertreterin in der Geschäftsführung. Sie war durch und durch pragmatisch und hatte ohne Zweifel unternehmerisches Talent. Der drei Jahre jüngere Sohn studierte an einer Business-School und sollte nach seinem Abschluss ins Unternehmen eintreten; er war eher akademisch, weniger pragmatisch ausgerichtet und konkurrierte heftig mit seiner älteren Schwester. Der zweite Sohn, zwei Jahre jünger als sein Bruder, hielt Geschäftsanteile am Unternehmen, war aber ansonsten nicht ins Management eingebunden – er hatte eine eigene Firma gegründet.

Im Coachingprozess wurde schnell deutlich, dass der Vater bei vielen Entscheidungen der Maxime folgte: »Egal was passiert: die Familie zuerst.« Als Vater hatte er den Anspruch an sich selbst, alle drei Kinder gleich zu behandeln. Als Unternehmer konnte er sehr wohl sehen, dass die beiden älteren äußerst unterschiedlich geeignet waren, Führungspositionen im Unternehmen zu bekleiden. Das daraus für ihn erwachsende Dilemma kostete ihn öfter den Nachtschlaf. Im Coaching war es hilfreich, zunächst einmal die Kreise (Familie, Management, Eigentümerschaft) und die in ihnen jeweils sinnvollen Regeln abzubilden und transparent zu machen – das entlastete den Klienten im ersten Schritt ungemein und führte im weiteren Prozess dazu, dass er gute Lösungen sowohl für seine Rolle als Vater als auch für die als Unternehmer finden konnte. Es gelang der Familie schließlich, die Geschwisterrivalitäten in einem Rahmen zu halten, der sich nicht negativ für das Unternehmen auswirkte, und funktional sinnvolle Rollen für alle Beteiligten zu finden.

Die besondere Herausforderung für Familienunternehmen besteht darin, nicht der Versuchung zu erliegen, die implizite Regel »Die Familie zuerst« wirksam werden zu lassen, ohne sich der Implikationen eines solchen Vorgehens bewusst zu sein. Die Unternehmen in Familienhand, die über viele Generationen ohne große Skandale erfolgreich bleiben, haben sich meist mit den unterschiedlichen Funktionskreisen und den für diese relevanten Regeln intensiv auseinandergesetzt und für ihr Unternehmen und ihre Familie passende Strukturen gefunden (von Schlippe et al., 2017).

4.6 Der Dienstweg ist der Königsweg – Ministerien, Behörden

Ministerien und andere staatliche Behörden sind als Organisationen eng mit der Geschichte des Beamtentums verbunden. Friedrich der Große und sein Vater, der »Soldatenkönig«, gelten als Begründer des modernen Berufsbeamtentums. Das Arbeitsverhältnis von Beamtinnen und Beamten unterscheidet sich strukturell von dem der Angestellten. So dürfen sie z. B. nicht streiken, genießen aber andererseits die besondere Fürsorgepflicht des Staates – sie können beispielsweise nahezu nicht entlassen werden. Die Karrierewege sind in »Laufbahnen« festgelegt, die gesamten Arbeitsbereiche sind stark durchstrukturiert. Pensionsansprüche sind anders geregelt als gesetzliche Renten bei Angestellten, und auch die zu leistenden Beiträge für die Sozialversicherungen unterliegen anderen Regeln.

Die Ursprünge dieser Konstruktion hängen eng mit der Idee zusammen, dass die Beamtenschaft dem Gemeinwohl verpflichtet sei und nicht irgendwelchen Partikularinteressen. Behörden stellen daher eine systemische Besonderheit dar, die man kennen sollte, wenn man mit ihnen zu tun hat.

Hierzu ein Fallbeispiel:
Der Abteilungsleiter eines Ministeriums kam zum Coaching, weil er mit seinen Ideen ständig an Grenzen der Machbarkeit stieß. Diese Grenzen leuchteten ihm nicht ein, und er wollte besser verstehen, womit er es zu tun hatte.

Formal sind Abteilungsleiter in der Hierarchie eines Ministeriums relativ hoch hinter Minister/-in und Staatssekretär/-in eingeordnet. Mein Klient war aus der freien Wirtschaft auf diese Stelle gewechselt in der Hoffnung, seine beruflich breit gestreuten Erfahrungen im In- und Ausland zum einen gut einbringen zu können und sie zum anderen um einen Arbeitsbereich zu erweitern, den er noch nicht kannte. Er hatte allerdings von Beginn an das Problem gehabt, dass man ihm durchaus nicht mit Wohlwollen begegnete und er keinen Vertrauensvorsprung genoss – als Quereinsteiger in einer solch hohen Position wurde er vom Start weg vom Personal sehr misstrauisch beäugt, weil er keine klassische Beamtenlaufbahn absolviert hatte. Das verwundert nicht sonderlich: Wir haben insgesamt den Eindruck, dass der Weg von einer Führungsposition in der freien Wirtschaft zu einer solchen im staatlichen Bereich immer noch relativ wenig gegangen wird; belastbare Zahlen dazu sind allerdings schwer zu finden. Bezüglich der Probleme, denen sich der Klient immer wieder gegenübersah, wurde bald ein repetitives Muster sichtbar: Er schlug oft Problemlösungen vor, die ihm sowohl effizient als auch durchaus kreativ und originell erschienen, drang aber im eigenen Apparat damit nicht durch.

Was lag hier vor? Der Klient kollidierte mit der Regel: »Der Dienstweg ist der Königsweg.« Wann immer er versuchte, Dienstwege abzukürzen und Prozesse zu vereinfachen, erlebte er einen Systemwiderstand, mit dem er in diesem Ausmaß nicht gerechnet hatte. Nun ist es ja nachvollziehbar, warum es überhaupt Dienstwege gibt, auch wenn diese manchmal kompliziert erscheinen: Sie sollen verhindern, dass die staatliche Macht willkürlich von der Beamtenschaft benutzt bzw. ausgenutzt wird. Dienstwege dienen folglich der Rechtssicherheit (klare Vergaberegeln für externe Beratungskräfte sollen beispielsweise verhindern, dass sich Vetternwirtschaft und Mauschelei breitmachen).

Im Kontext dieses Coachings ging es aber nicht um die grundsätzliche Sinnhaftigkeit der Einhaltung von Dienstwegen, sondern um die Tatsache, dass die »Dienstwegregel« von den Mitgliedern des Systems in einem Höchstmaß verinnerlicht worden war. Das hatte zur Folge, dass Dinge, die diese Regel auch nur eventuell verletzen würden, nicht einmal gedacht werden konnten – geschweige denn umgesetzt.

Wenn man sich als Coach im Bereich staatlicher Behörden bewegt, wird eine Erfahrung sehr deutlich, die man zwar auch in anderen Systemen machen kann, die hier aber besonders ins Auge springt: Die Regeln des Systems (und zwar die offenen *und* die impliziten!) bestimmen in einem hohen Ausmaß sogar die Grenzen des *Denkbaren* – und damit folgerichtig des Machbaren. Mit anderen Worten: Das heute so oft geforderte Querdenken – also die Suche nach Problemlösungen abseits der bisher gegangenen Wege – erweist sich als extrem schwierig, je länger eine Person dem Regelwerk der Institution, für die sie arbeitet, ausgesetzt war.

Das ist mit »Betriebsblindheit« gemeint, wenn sie oder er sich nur lange genug innerhalb des Systems bewegt. Das Verblüffende dabei ist, dass das weder von der Intelligenz noch der Vorbildung des Systemmitglieds abhängt – die Regeln des Systems geben die Denkstrukturen, in denen sich seine Mitglieder bewegen, in einem erstaunlichen Umfang vor. Und wir sprechen hier ausdrücklich nicht von totalitären Systemen, die die Informationsmöglichkeiten begrenzen bzw. mit einseitiger Propaganda arbeiten, sondern von Institutionen in offenen Ländern, in denen Informationsfreiheit herrscht.

Eine weitere Eigentümlichkeit in mehrheitlich mit Staatsbediensteten betriebenen Institutionen fällt auf, sobald sich das Coaching um die Frage der Zufriedenheit mit dem eigenen Arbeitsumfeld dreht. Schon die Frage »Haben Sie mal dran gedacht, zu kündigen und irgendwo anders anzuheuern?« wird von der Mehrheit der Beamtenschaft als nicht einmal erwägenswert betrachtet – sogar dann nicht, wenn die eigene konkrete Arbeitssituation als zutiefst unbefriedigend erlebt wird und eine Quelle täglichen Unglücks ist. Schon der Schritt, einmal im Gesamtpaket zu überlegen, was das heißen könnte (Aufgabe von Pensionsansprüchen, anderes Verhältnis von Brutto- zu Nettogehalt, andere Freiheitsgrade, andere Karrierewege usw.), wird in der Regel als unzumutbare Überforderung zurückgewiesen – als gelte die ungeschriebene Regel »Einmal verbeamtet, immer verbeamtet«.

4.7 Die Kunst schwebt über allem – Galerien, Museen, Theater

Systeme, die sich mit künstlerischen Aktivitäten befassen, haben – wie die anderen bereits besprochenen Systeme auch – einige Systemregeln, die sich hauptsächlich bzw. speziell in diesem institutionellen Segment beobachten lassen. In den meisten Gesellschaften wird den Mitgliedern künstlerischer Institutionen z. B. zugestanden, dass sie in höherem Maß vom Durchschnitt der Bevölkerung abweichen. Das gilt für modische Extravaganzen, für Lebensstile, aber auch für Arbeitszeiten und sonstige Rahmenbedingungen – schließlich ist jedem Menschen klar, dass etwa ein Theater andere Arbeitszeiten erfordert als ein durchschnittlicher Bürojob. Eine implizite Regel, die im Kunstbetrieb zu beobachten ist, heißt daher: Die Kunst schwebt über allem (s. hierzu z. B. auch Rohrberg u. Hermann, 2019)!

Hierzu ein Fallbeispiel:
Der kaufmännische Geschäftsführer einer Bühne, die als Vollspartenhaus (Theater, Ballett, Oper und Orchester) betrieben wird, kommt zum Coaching, weil er meint, seiner Aufgabe nicht mehr gerecht werden zu können. Ständig würden die Ausgabenwünsche des künstlerischen Leiters die wirtschaftlichen Möglichkeiten des Hauses übersteigen. Er selbst werde, auch wenn er lediglich auf die Grundrechenarten verweise, behandelt, als wäre er ein Feind, der den Ruf der Bühne vernichten wolle. Ich bitte ihn, eine Episode zu schildern,

die sein Problem illustriert. Er berichtet, dass bei der Budgetplanung für die kommende Spielzeit eine Diskussion über die Kosten einer Eigenproduktion im Schauspiel stattgefunden habe. Der Etatentwurf für diese Produktion habe die Möglichkeiten des Hauses deutlich überschritten. Er habe versucht, mit dem künstlerisch Verantwortlichen über Einsparmöglichkeiten, z. B. beim Bühnenbild, zu sprechen; dieser habe sich geweigert, das Problem auch nur zur Kenntnis zu nehmen, geschweige denn zu seiner Lösung beizutragen.

Hier kommt die »Die Kunst schwebt über allem!«-Regel deutlich zum Tragen: Für weite Bereiche künstlerischer Aktivitäten ist es ein Schimpfwort, wenn von »Kommerzialisierung« die Rede ist, und jede Befassung mit wirtschaftlichen Aspekten gilt »wahren« Künstlern und Künstlerinnen als Teufelszeug. Vermutlich ist hier ein Archetyp am Werk, den man spätestens seit der deutschen Romantik in vielen Facetten beobachten kann: Kunstschaffende sind zwar arm an materiellen Gütern, aber reich an Kreativität und Inspiration – im Übrigen leben sie von Luft und (freier) Liebe. Dieses Klischee wird seither in unzähligen Werken verschiedener Künste bedient, so z. B. in der Oper »La Bohème« von Giacomo Puccini oder in dem Bild »Der arme Poet« von Carl Spitzweg (Abbildung 1).

Der Klient aus unserem Beispiel hatte zuvor in einem Industrieunternehmen gearbeitet und aus persönlicher Begeisterung für die Bühnenkünste seine neue Stelle als Geschäftsführer angetreten. Dabei hatte er allerdings übersehen, dass der Bereich, in dem er bisher tätig war, nach ganz anderen impliziten Regeln funktioniert als ein Betrieb, dessen Aufgabe es ist, Kunst vor ein Publikum zu bringen. Im Coaching ging es dann auch wesentlich darum, ihn für diese Regeln zu sensibilisieren und nach Wegen zu suchen, wie er die ökonomische Perspektive so einbringen kann, dass sie überhaupt eine Chance hat, gehört zu werden.

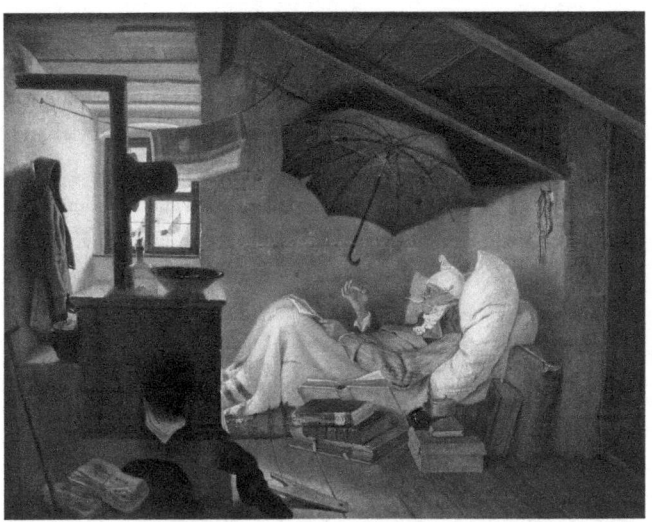

Abbildung 1: Carl Spitzweg, Der arme Poet (1839)

Eine weitere implizite Regel im Kunstbetrieb scheint mir zu sein: Nichts geht über das Individuum. Selbst in sogenannten Kunstkollektiven sind nicht selten Konfliktlinien zu beobachten, die aus der vermeintlichen Unvereinbarkeit von individuellen Eigenheiten einzelner Mitglieder mit den Notwendigkeiten der Zusammenarbeit entstehen. Mir scheint, dass überall dort, wo historisch einem gewissen Geniekult gehuldigt wird, diese Regel naheliegt – wie wir auch im nächsten Abschnitt über Universitäten und Akademien sehen werden.

4.8 Organisation ist unter unserer Würde – Universitäten, Akademien

Universitäten als Institutionen der Forschung, des Studiums und der Lehre haben in Europa seit dem Mittelalter eine wesentliche Funktion für die Entwicklung der Gesellschaft: Hier wird das Wissen generiert, das jeder Form von Innovation zugrunde liegt. In der Geschichte des Systems »Universität« spiegelt sich die politische und die geistige Geschichte Europas. Ein wesentliches Merkmal der modernen Universität ist dabei die Selbstverwaltung, die sie so unabhängig wie möglich machen soll. Mit dieser eher administrativen Entwicklung parallel läuft die zunehmende Bedeutung der Idee von der Freiheit der Wissenschaft. Mit der Aufklärung lösten sich auch akademische Institutionen zunehmend von religiösen oder anderen Denkverboten. Heute sind neben die klassischen Universitäten eine Vielzahl von Institutionen getreten, die ebenfalls Wissen generieren, dies aber außerhalb der traditionellen Alma Mater: private Akademien, Thinktanks, wissenschaftliche Abteilungen von Unternehmen. Sie sind in andere Abhängigkeiten eingebunden als die klassische Universität.

So wie im künstlerischen Sektor die Maxime zu beobachten ist, nach der die Kunst über allem schwebe, gibt es im Bereich der Wissenschaft eine ähnliche implizite Regel. Sie betrifft einen zentralen Aspekt des Wissenschaftsmanagements, der durch sie aber quasi geleugnet wird. Diese Regel heißt: »Organisation ist unter unserer Würde«.

Hierzu ein Fallbeispiel:

Ein Ordinarius wurde zum Dekan seiner Fakultät gewählt und möchte gecoacht werden, weil er sich einer ganzen Reihe von Problemen gegenübersieht, mit denen er nicht gerechnet hatte. Er muss sich in seiner neuen Rolle sehr viel mehr um Organisations- und Managementaufgaben kümmern, als er dies bisher tun musste. Dabei lernt er die genannte implizite Systemregel kennen, an der sich offenbar viele akademisch Lehrende orientieren. Er muss nach eigener Aussage in manchen Gremiensitzungen geradezu darum betteln, dass man eine Einsicht in organisatorische Notwendigkeiten habe. Er schildert das Problem sehr ähnlich dem, das der Bühnengeschäftsführer mit seinem künstlerischen Leiter hatte – dort ging es um die Weigerung, sich mit wirtschaftlichen Gegebenheiten zu befassen, hier um die

Weigerung, organisatorische Notwendigkeiten der eigenen Arbeit besser zu berücksichtigen.

Was beiden Bereichen – der Kunst und der Wissenschaft – ebenfalls gemeinsam ist, ist eine Neigung zum Mythos vom Genie. Moderne Wissenschaft funktioniert zwar schon lange nicht mehr nach einem Muster, wonach ein einzelner genialer Geist in der Studierstube eine »Weltformel« findet, für die es zwanzig Jahre später die Ehrung mit dem Nobelpreis gibt. Als Archetyp scheint diese Idee des über allem schwebenden einsamen Genies aber noch beträchtliche Wirkung zu entfalten. Für ein solches Genie ist das Befassen mit den tiefen Tälern organisatorischer Notwendigkeiten nachvollziehbarerweise eine Zumutung. Die Wirkung dieser impliziten Regel kann man konkret daran erkennen, dass viele akademische Institutionen schlecht oder gar nicht organisierte Prozesse aufweisen – wovon Studierende, Promotionskandidaten und junge Forschende, die am Beginn einer akademischen Laufbahn stehen, ein trauriges Lied singen können.

5 Jenseits des eigenen Systemhorizonts

Wie jeder Typisierung haftet auch unserer obigen Beschreibung von idealtypischen versteckten Regeln in den unterschiedlichen Systemen eine gewisse Vergröberung an – die beschriebene Typisierung ergab sich aus der auffälligen Häufung bestimmter verdeckter Systemregeln in den geschilderten Bereichen 4.1 bis 4.8.

Selbstverständlich muss man in Beratungs- und Coachingprozessen das je konkrete System, mit dem man es zu tun hat, sorgfältig analysieren. Man wird dabei immer feststellen, dass in vielen Systemen offene und verdeckte Regeln gelten, die eine Mischung aus den im letzten Kapitel genannten, für die einzelnen Bereiche »idealtypischen«

Regeln darstellen. Es gibt eine Gemeinsamkeit, die alle untersuchten Systeme aufweisen: Sie überbetonen im Geflecht ihrer offenen und verdeckten Regelwerke bestimmte Aspekte und vernachlässigen andere. Das ist insofern eine triviale Erkenntnis, als es ja unmittelbar einleuchtet, dass z. B. eine religiöse Organisation die Regeln an erste Stelle setzt, die sich aus ihrer Religion ergeben. Ein System wiederum, das Kunst produziert, wird natürlich vor allem direkt kunstbezogene Regeln, Einstellungen und Haltungen in den Mittelpunkt rücken.

5.1 Systemregeln im kulturellen Kontext

Hier kommt zusätzlich ein kulturspezifisches Phänomen ins Spiel. Das westliche Abendland ruht auf zwei Pfeilern: der griechischen philosophischen Tradition und dem jüdisch-christlichen Erbe. Beide Entwicklungslinien haben wenig bis keinen Platz für Paradoxien und Ambiguitäten (Ambiguität = Doppel- oder Mehrdeutigkeit). Die aristotelische Logik schließt im Satz vom Widerspruch ausdrücklich aus, dass einander widersprechende Phänomene gleichzeitig zutreffen können: »Denn es ist unmöglich, dass dasselbe demselben in derselben Beziehung zugleich zukomme und nicht zukomme« (zit. n. Wikipedia, 2020). Die christlich-jüdische Tradition wiederum besitzt ein lineares implizites Weltbild: Von der Schöpfung alles Seienden zum Reich Gottes bzw. der Wiederkunft des Messias wird eine mehr oder weniger gerade Entwicklungslinie gedacht.

Nun ist aber unser modernes Leben voller Ambiguitäten und Paradoxien, womit sich die westliche Welt eher schwertut. Schon die im Wesentlichen auf der aristotelischen Logik aufgebaute Naturwissenschaft hatte ziemlich Mühe mit den Entwicklungen der Physik nach Newton, wo plötzlich Sowohl-als-auch-Phänomene beschrieben werden (Quantenobjekte beispielsweise sind sowohl Wellen als auch Teilchen). Für unser Thema ist bedeutsam, dass praktisch jedes komplexe System sich mit mehrdeutigen Phänomenen herumschlagen muss bzw. mit der gleichzeitigen Anwesenheit einander vordergründig ausschließender Aspekte der Wirklichkeit umzugehen hat (z. B. Jullien, 2018). Asiatische philosophische Traditionen tun sich hier leichter: Die Wirklichkeit wird in ihnen als ständige gegenseitige Durchdringung von Gegensätzen gedacht (wie in der Symbolik von Yin und Yang eindrücklich dargestellt, siehe Abbildung 2). Außerdem werden Entwicklungsprozesse eher als sich wiederholende Vorgänge verstanden und nicht als Prozesse mit einem Anfang und einem Ziel (repetitive und zirkuläre statt linearer Konzeptualisierung von Entwicklung).

Abbildung 2: Yin und Yang – in allem, was ist, ist sein Gegenteil schon enthalten

Problematisch wird die Betonung eines einzigen Aspektes für ein System dann, wenn die vernachlässigten oder gar verleugneten Aspekte von entscheidender Bedeutung für die Existenz des Systems werden. Um das Beispiel der Kirchen in den westlichen Industrieländern noch einmal aufzugreifen: Wenn die Gläubigen in Scharen aus den Kirchen austreten, hilft es diesen nicht, auf der »reinen Lehre« zu bestehen und die gesamtgesellschaftlichen Entwicklungen zu ignorieren. Wenn das lange genug geschieht, bleibt irgendwann günstigstenfalls eine kleine Sekte »Eingeweihter« übrig, oder die Institution verschwindet ganz, und man wird eines Tages so durch die fantastischen Kathedralen Europas geführt wie heute durch altägyptische Tempelanlagen. Bei Wirtschaftsunternehmen wird das Festhalten an nicht mehr der Entwicklung angepassten Regelwerken meist deutlich schneller bestraft, indem das betreffende Unternehmen zuerst in eine wirtschaftliche Schieflage gerät und schließlich ganz vom Markt verschwindet.

5.2 Organisationen und Subsysteme

Besonders interessant sind große Systeme, die aus verschiedenen Subsystemen bestehen, deren Regelwerke – vor allem die impliziten! – ganz unterschiedlich sind.

Greifen wir zur Veranschaulichung noch einmal das bereits weiter vorn thematisierte Beispiel der Veränderungen im deutschen Gesundheits- bzw. Krankenhauswesen auf. Dieses hat in den letzten vier Jahrzehnten eine erhebliche Metamorphose durchlaufen. Waren Mitte des 20. Jahrhunderts bis auf wenige Ausnahmen noch praktisch alle Krankenhäuser in öffentlicher Hand, setzte mit der Privatisierung eine für die Beteiligten ganz neue Entwicklung ein. Traditionell waren die Krankenhausträger entweder Städte, Kreise oder auch Bundesländer. Wirtschaftlichkeit war für viele Häuser ein Fremdwort, man hatte sich daran gewöhnt, dass die Verwaltungen der Kliniken am Jahresende zu den Trägern kamen und um den Ausgleich des jeweiligen Defizits baten – dieser Ausgleich wurde auch mehr oder weniger geräuschlos vorgenommen.

Zwei strukturelle Maßnahmen änderten diese Spielregeln stark: zum einen die Übernahme von Klinikbetrieben durch privatwirtschaftlich agierende Unternehmen, zum anderen eine neue Vergütungsregelung. Früher bekamen Krankenhäuser für jeden Tag, den eine Person in der Klinik lag, einen bestimmten Betrag (den tagesgleichen Pflegesatz). Heute erhalten sie eine sogenannte Fallpauschale, die sich nach der jeweiligen Diagnose richtet. Das bedeutet, dass das Krankenhaus mehr Gewinn macht, wenn jemand kürzer im Haus ist, während es früher Gewinn über die Liegedauer machen konnte: Jeder Tag, den Patientinnen und Patienten länger im Krankenhaus lagen, brachte mehr Geld.

Seit diesen Reformen ist an einem durchschnittlichen Krankenhaus in Deutschland sehr gut zu studieren, was es bedeutet, wenn unterschiedliche Subsysteme mit unterschiedlichen Regeln zusammenarbeiten müssen. Die betriebswirtschaftlichen Fachkräfte, deren Bedeutung früher marginal war und die jetzt eine entscheidende ist, orientieren sich an den ökonomischen Regeln – den expliziten, aber auch den impliziten (siehe oben: »Ebit ist alles«). Die Ärztinnen und Ärzte, die sich in der zweitausendjährigen hippokratischen Tradition sehen, betonen die ärztliche Therapiefreiheit und die wissenschaftlichen Regeln. Die Pflege gehorcht derweil häufig eher der »Feeling well together«-Regel, wie sie für NGOs herausgearbeitet wurde. Wie nicht anders zu erwarten, ergibt sich eine ganze Reihe von Konflikten im Krankenhaus vor allem durch diese unterschiedlichen Regelwerke. Wenn man es als Coach oder Mediatorin mit einem solchen komplexen System und seinen Subsystemen zu tun hat, führt häufig kein Weg an der Analyse der Systemregeln der einzelnen Subsysteme vorbei, denn vorher kann es kaum gelingen, eine gemeinsame Problemlösung für anstehende Fragen in Angriff zu nehmen.

Nun ist das, was hier beispielhaft für ein Krankenhaus ausgeführt wurde, auch in anderen Unternehmen zu sehen, und zwar in solchen, die stark kompartimentiert und klassisch in »Silos« aufgestellt sind (Trachsel u. Fallegger, 2017). Silos sind dabei einzelne Organisationseinheiten, die über eine für ihren Bereich funktionale innere Logik von Werten, Haltungen und Prozessen verfügen, aber wenig kommunikativen Austausch mit anderen Silos pflegen. In unserem Krankenhaus-Beispiel wären das etwa der ökonomische, der ärztliche und der pflegerische Silo (siehe Abbildung 3).

Diese sogenannte Silo-Organisation kann so lange gut funktionieren, wie die Gesamtprozesse des Systems hauptsächlich innerhalb der einzelnen Silos ablaufen und die Schnittstellen zwischen den Bereichen klar festgelegt sind – etwa Besprechungszeiten, zu

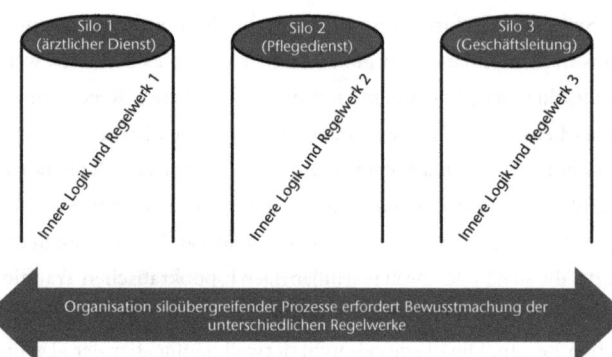

Abbildung 3: Silo-Organisation am Beispiel eines Krankenhauses

denen sich Mitglieder verschiedener Silos zu definierten Themen austauschen. In einer wirtschaftlichen Gesamtorganisation, in der Innovationszyklen vergleichsweise langsam ablaufen und die Rahmenbedingungen des Wirtschaftens sich über die Zeit nur langsam ändern, können Silo-Organisationen durchaus sinnvoll sein.

Allerdings leben wir im Zeitalter beschleunigter Digitalisierung und Globalisierung von Wirtschaftsabläufen. In allen Bereichen – nicht nur im Krankenhaus – wird immer offensichtlicher, dass Prozesse organisiert werden müssen, die siloübergreifend sind.

Das wird immer dann in der Praxis schwierig, wenn die Personen der einzelnen Silos sich nicht der Tatsache bewusst werden, dass sie sich in einem System bewegen, dessen innere Logik und vor allem dessen implizite Regelwerke keineswegs auch für die anderen Teile des Systems selbstverständlich sind. Kann das nicht wechselseitig transparent gemacht werden, wird es oft unmöglich, ein gemeinsames, für alle Beteiligten lebbares Regelwerk zu finden, auf dessen Grundlage dann alltagspraktische Prozesse organisiert und eingeführt werden können. Wer in der Organisationsentwicklung tätig ist, erlebt täglich, dass Probleme, die von außen betrachtet gar nicht so schwer zu lösen scheinen, schier unlösbar werden, wenn das Siloproblem und das damit verbundene Problem der unterschiedlichen Logiken und impliziten Regelwerke nicht ausdrücklich adressiert werden.

Praktisch alle in Kapitel 4 geschilderten Systeme sehen sich heute mit Herausforderungen konfrontiert, die siloübergreifende Lösungen fordern. Das beginnt in der weltweiten Politik: Probleme wie die Kontrolle der Erderwärmung oder die Regeln internationalen Handels sind nur noch lösbar, wenn Nationen oder Weltregionen zusammenarbeiten – auch wenn deren interne Systeme komplett inkompatibel erscheinen (demokratische Rechtsstaaten versus Diktaturen, säkular verfasste Länder versus Theokratien usw.). Was im globalen Rahmen gilt, kann bis ins kleinste System beobachtet werden: Die aktuelle Aufgabe ist es zusammenzuarbeiten, obwohl sich die internen Logiken von Subsystemen – zum Teil erheblich – widersprechen.

Es klingt vielleicht weit entfernt von Alltagsproblemen, die heutige Systeme lösen müssen, aber hier kann eine Besinnung auf die Metaregeln des Denkens und Handelns im jeweiligen System hilfreich sein. (Metaregeln sind diejenigen Regeln, nach denen der Denkprozess selbst seinerseits abläuft – sozusagen die »Regel hinter der Regel«.)

Gelegentlich scheinen Organisationsentwicklungsprozesse in eine Sackgasse zu geraten, und die Mitglieder des Systems drohen zu resignieren. Die Komplexität der zu lösenden Probleme wirkt überwältigend, und die Ambiguitäten scheinen unauflösbar. Wir Coaches erleben in solchen Fällen immer wieder, dass der Umweg über die Analyse der unausgesprochenen Regeln aller beteiligten Subsysteme Blockaden lösen kann. Die Reflexion der eigenen Voraussetzungen – aus denen sich ja die jeweiligen Regeln ableiten lassen – ist häufig das Tor, durch das das System hindurchgehen muss, um eine Weiterentwicklung der eigenen Organisation zu ermöglichen (siehe »Double-Loop-Learning für Organisationen«, Kapitel 7).

III

Lehren für Systemisches Coaching und Organisationsentwicklung

6 Vom System her denken

Coaching ist von seinem ursprünglichen Wesen her immer die Beratung Einzelner. Landläufig geht es dabei darum, dass der Blick von außen dem oder der Coachee helfen soll, die eigenen Möglichkeiten zu verbessern oder zu erweitern. Praktisch bedeutet das häufig, dass man den Ratsuchenden dabei hilft, einen anderen Rahmen zu entwickeln, innerhalb dessen sie ihre Anliegen neu oder anders als bisher reflektieren (»Reframing«). Ein Coaching ändert mithin nie etwas an einer vorhandenen faktischen Wirklichkeit, einzig die Sichtweise auf diese Wirklichkeit wird modifiziert. Das allerdings kann, wie wir wissen, entscheidend sein für die Kapazität von Klientinnen und Klienten, ihre Probleme zu lösen: Bisher nicht einmal denkbare Möglichkeiten können nach einer entsprechenden neuen Rahmung gedacht werden und schließlich auch zu anderen Handlungsoptionen für ein konkretes Problem führen.

Eine solche grundsätzlich neue Rahmung liegt schon dann vor, wenn wir vom *System* her denken, statt von einzelnen Handelnden innerhalb des Systems auszugehen. Das ist leichter hingeschrieben als umgesetzt: Gerade Coaches mit einem therapeutischen Hintergrund neigen oft dazu, eine erwünschte oder notwendige Veränderung im Bewusstsein des Individuums zu verorten, nicht im System, dessen Teil es ist.

Historisch hat sich der Paradigmenwechsel von der Betrachtung Einzelner zur Fokussierung auf das System in der zweiten Hälfte des 20. Jahrhunderts abgespielt. Auch im (psycho-)therapeutischen Denken und Handeln stand zunächst immer das Individuum und dessen Neurotizität im Zentrum; erst mit der Zeit hat man gelernt, Systempathologien in den Blick zu nehmen, mit zum Teil erheblichen Folgen für die therapeutische Praxis. So wurden z. B. bei der Anorexia nervosa (Magersucht) nicht mehr einzelne Betroffene als individuell krank angesehen, sondern als Symptomträger/-innen eines dysfunktionalen Familiensystems. In dem Maße, in dem es therapeutisch gelang, dieser Dysfunktionalität beizukommen, stiegen die Heilungschancen der einzelnen Betroffenen (z. B. Selvini Palazzoli, 2004).

In Fachkreisen wurden diese Erkenntnisse keineswegs nur dankbar aufgenommen. Wer erwartet hätte, dass das professionelle System freudig auf die Erweiterung des therapeutischen Werkzeugkastens reagieren würde, erlebte häufig im Gegenteil einen heftigen Widerstand bei den Vertretern etablierter nicht-systemischer Vorgehensweisen. Dies kann insofern nicht verwundern, als bei allen wissenschaftlichen Paradigmenwechseln in der Geschichte menschlichen Wissens ein solcher Widerstand zu beobachten war (z. B. Kuhn, 1973). Wenn man die aktuell gültigen wissenschaftlichen Paradigmen einer bestimmten Zeit selbst als System auffasst, haben wir es auch hier mit einer impliziten Systemregel zu tun, die man etwa so formulieren könnte: »Es ist nicht zulässig, sich außerhalb des aktuellen Rahmens von Axiomen, Methoden und Denkweisen zu bewegen – wer das tut, riskiert den Ausschluss aus der wissenschaftlichen Gemeinschaft.«

Das muss man wissen, falls man als Coach oder Organisationsentwickler/-in den Blick von Einzelnen auf das System und dessen Regeln lenkt, insbesondere die tabugeschützten impliziten Regeln. Auch hier wird man normalerweise auf Widerstand treffen, selbst dann, wenn es doch die Person entlasten könnte, die Systemregeln in den Blick zu nehmen statt der vermeintlichen persönlichen Defizite. Es wurde in der Einleitung zu Kapitel 3 bereits ein Fallbeispiel für eine solche Dynamik genannt: Dysfunktionale (sowohl implizite als auch tabuisierte) Regeln innerhalb eines Vorstands führen zu der Problemdefinition, der Leiter des Vorstandssekretariats habe Defizite in seiner Sozialkompetenz und müsse daher individuell gecoacht werden. In diesem Beispiel war es so, dass der Coachee selbst auf dieser Attribution des Problems bestand, obwohl er dadurch durchaus in keinem günstigen Licht erschien. Was liegt hier also vor?

Der Leiter des Vorstandssekretariats ist selbst Teil des Systems, dessen Regeln nicht offen benannt werden können – und damit empfindet er selbst paradoxerweise ein Störgefühl, wenn der Blick auf die impliziten Systemregeln statt auf seine vermeintlich defizitäre Sozialkompetenz gelenkt wird.

Dieser Fall zeigt, dass es in der Beratung notwendig ist, vor einem Reframing vom Blick auf Einzelne zum Blick auf das System zunächst dieses Vorgehen zu erklären. Das kann etwa geschehen, indem die systemische Sichtweise und die Relevanz offener und impliziter Regeln theoretisch erläutert wird, noch ohne Bezug zum konkreten System. Schließlich lädt man die Klienten dazu ein, im Coaching gemeinsam zu untersuchen:

1. Welche Aspekte der Probleme sind der individuellen Disposition des Klienten bzw. der Klientin geschuldet?
2. Welche Teile der Probleme haben mit dem System und dessen Regeln zu tun?
3. Wie interagieren diese beiden Kreise miteinander?

Über dieses Vorgehen findet man verhältnismäßig schnell in ein stabiles Arbeitsbündnis, das auch das oben geschilderte Störgefühl aufseiten der Ratsuchenden minimieren hilft.

Die naheliegende Frage, die sich dann allerdings oft anschließt, lautet: Was geschieht jetzt mit den *Ergebnissen* der Aufdeckung impliziter Systemregeln?

7 Double-Loop-Learning für Organisationen

Die Antwort auf diese Frage liegt auf der Hand: Die Aufdeckung impliziter Systemregeln kann nur dann einen sinnvollen Beitrag zu notwendigen Veränderungsprozessen liefern, wenn im System dort, wo Entscheidungen getroffen werden, diese Analyse nicht nur zur Kenntnis genommen, sondern als hilfreicher Ausgangspunkt für Veränderungen aufgefasst wird.

Trotz der oben geschilderten Widerstände ist das gar nicht so selten der Fall. Immer dann, wenn im Einzelcoaching ein Punkt erreicht ist, an dem die Systemregeln sich als wesentlich für die Lösung der Probleme herausstellen, empfiehlt es sich, die wesentlichen Entscheidungsträger/-innen im System auch direkt anzusprechen. Konkret sieht das so aus, dass man mit der/dem Coachee gemeinsam sondiert, ob und wenn ja wer im System ein Interesse am vertieften Verständnis der eigenen verdeckten Regeln haben könnte – das ist oft die Person, die das Einzelcoaching in Auftrag gegeben hat. Diese muss man dann – idealerweise gemeinsam mit der/dem Coachee, aber in allen Fällen natürlich unbedingt nur mit deren/dessen Einverständnis – kontaktieren. Wenn es gelingt, ein Bewusstsein *im* System für die eigenen wirksamen Regeln zu erzielen, spricht man vom »Lernen in der Doppelschleife«: Es werden nicht nur die Voraussetzungen von Entscheidungen im Licht von deren Ergebnissen reflektiert (Einzelschleife), sondern auch die Systemregeln, die einen Einfluss auf das Zustandekommen der Voraussetzungen von Entscheidungen haben (doppelte Schleife) – siehe Abbildung 4 sowie Argyris und Schön (2008). Neben der Analyse der Ergebnisse und Auswirkungen bestimmter Vorgehensweisen einzelner handelnder Personen im System (Einzelschleife) wird hier auch eine Analyse der Systemregeln (Metaebene) vorgenommen (Doppelschleife).

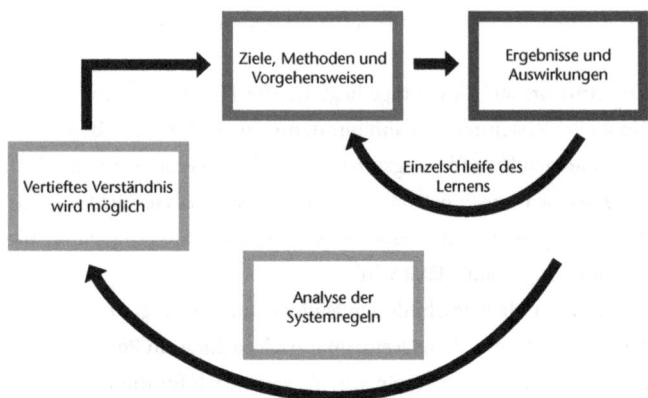

Abbildung 4: Double-Loop-Learning (Lernen in doppelter Schleife; eigene Darstellung nach Argyris u. Schön, 2008)

Wir haben die Erfahrung gemacht, dass viele Organisationen durchaus dankbar für Hinweise sind, die Licht in Bereiche bringen, die bisher im Schatten der Wahrnehmung der Führungskräfte lagen. Natürlich gibt es auch Beispiele dafür, wo das nicht funktioniert – dann ist das Interesse maßgeblicher Personen in der Organisation, die bisherige Tabuisierung der Regeln aufrechtzuerhalten, stärker als jeder Veränderungswunsch. Die Erfahrung lehrt allerdings, dass sich ein Versuch immer lohnt, über Einzelne hinaus ins System hineinzuwirken (Näheres dazu auch in Kapitel 11).

8 Implizite Regeln und deren Sinn erfassen

Im Coaching von Fach- und Führungskräften erlebt man häufig eine Form des Umgangs mit Systemen, die geprägt ist von großem Unverständnis für deren historisch gewachsenen Regeln. Im Anbetracht gegenwärtiger Notwendigkeiten erscheinen diese althergebrachten Regeln dann völlig obsolet, manchmal auch komplett dysfunktional. Hier hilft es, sich klarzumachen, dass in praktisch allen Systemen – von der Kleinfamilie über Unternehmen bis zu Staaten oder Staatenbünden – die darin geltenden Regeln in einer bestimmten historischen Situation entstanden sind und zum damaligen Zeitpunkt durchaus sinnvoll waren. Man kann sich das beispielsweise an der Geschichte der Medizin vor Augen führen, die wir über mehrere Jahrtausende einigermaßen überblicken können. Was als heilend aufgefasst wird, hat sich im Lauf der Zeit massiv verändert, abhängig vom Wissensstand über den Menschen zur jeweiligen Zeit. Zum anderen spielten aber immer auch die gesellschaftlichen Regeln und Tabus der betreffenden Epoche eine entscheidende Rolle, z. B. das religiös begründete Verbot, Leichen für anatomische Studien zu öffnen.

Diese historische Bedingtheit dessen, was als richtig und falsch gilt, bringt mit sich, dass es Praktiken gab, die aus heutiger Perspektive nicht nur nicht heilsam, sondern ausgesprochen schädlich waren. Ein bekanntes Beispiel dafür wäre die Phlebotomie – der Aderlass. Diese Praxis hatte sich über Jahrhunderte in der Medizin gehalten. Dabei wurde Menschen aus einer Vene Blut abgenommen in der Annahme, man könne dadurch »schlechte Säfte ausleiten«. Diese Vorstellung baut auf der antiken Vier-Säfte-Lehre und auf die aus ihr abgeleiteten Ideen über die Entstehung und die Heilung von Krankheiten auf (z. B. Bayerischer Rundfunk, 2014). Heute wissen wir, dass diese Auffassungen falsch sind und Aderlässe im günstigsten Fall nicht schaden, aber vor allem nichts nützen. Allerdings käme wohl niemand auf die Idee, den Wissenschaftlern und Ärzten vergangener Jahrhunderte niedrige Motive oder Dummheit zu unterstellen, wenn sie diese Praxis angewandt haben. Genau das geschieht aber oft, wenn man mit Personen versucht, die Regeln der Systeme zu analysieren, deren Teil sie selbst sind.

Hierzu ein Fallbeispiel:
Ein Klient, eine Führungskraft, hatte vergeblich versucht, eine Veränderung im System herbeizuführen – es ging um die Organisation mehrerer Geschäftsprozesse, die sich als nicht mehr zeitgemäß und effektiv erwiesen hatten. Er hatte (ohne sich dessen bewusst zu sein) hauptsächlich abwertend über die bisher gültigen Regeln gesprochen und durchblicken lassen, dass die Leute, die diese Regeln im Unternehmen verkörperten (indem sie sie anwandten) wohl »geistig ein bisschen zurückgeblieben« sein müssten. Wie nicht anders zu erwarten, funktionierte es daraufhin nicht besonders gut mit dem erwünschten Veränderungsmanagement. Der Klient geriet sogar in eine sich selbst verstärkende Spirale: Je mehr er betonte, wie dumm und gestrig das System funktioniere, desto größer wurde der Widerstand der altgedienten Mitarbeiterinnen und Mitarbeiter, auch nur darüber nachzudenken, ob man vielleicht etwas ändern müsste.

Ähnliche Mechanismen sind oft zu beobachten, wenn neue Führungskräfte ihre Posten antreten. Mit Sprüchen wie »Neue Besen kehren gut« und Ähnlichem wird dann alles Bisherige entwertet – unabhängig von der Funktionalität »alter« Prozeduren für das System. Die entsprechenden Führungskräfte wundern sich dann manchmal, dass sie verhältnismäßig schnell allein dastehen und offen oder verdeckt boykottiert werden. Das hat nichts mit der inhaltlichen Richtigkeit ihrer Projekte zu tun, sondern mit der impliziten Abwertung alles Bisherigen. Wer z. B. der Maxime folgt »Die Geschichte der Wissenschaft beginnt eigentlich erst richtig mit dem Datum meiner Promotion«, darf sich nicht wundern, wenn er oder sie als arrogant gilt und man ihm oder ihr Rücksichtslosigkeit unterstellt.

Für Beratungsprozesse heißt das, dass es notwendig sein kann, die impliziten Regeln nicht nur zu erfassen, sondern auch deren ursprünglichen Sinn zu begreifen. Das geht häufig am besten über die Analyse der damaligen Situation, in der sich eine Regel im System entwickelt hat. Dafür kann es sehr hilfreich sein, gerade mit den Personen zu sprechen, die schon lange dabei sind – häufig sind sie die einzigen Quellen, die nachvollziehbar machen können, warum eine Regel so geworden ist, wie sie ist.

Hierzu ein Fallbeispiel:
Der neu angetretene Vorstand eines mittelgroßen Unternehmens mit 40.000 Beschäftigten sowie Niederlassungen an vielen verschiedenen Orten in Deutschland und Europa stellt fest, dass das Unternehmen zu zentralistisch organisiert ist. Nahezu alle Prozesse werden von der Zentrale gesteuert, auch wenn es nur um Kleinigkeiten geht. Das führt zu einer immensen Verlangsamung von Entscheidungen, weil alle Entscheidungsprozesse durch den zentralistischen Flaschenhals laufen müssen.

Der Vorstand nimmt sich vor, einen Veränderungsprozess in Gang zu setzen mit dem Ziel, Verantwortung zu dezentralisieren und Entscheidungswege zu verkürzen. In einem Kick-off-Workshop mit allen wesentlichen Führungskräften wird dieses Vorhaben erläutert und begründet: Man müsse flexibler und schneller werden, um im Wettbewerb bestehen zu können (siehe Abbildungen 5a und 5b). Die anwesenden Führungskräfte nehmen die Pläne neutral bis wohlwollend zustimmend zur Kenntnis.

Im Verlauf des Projekts werden immer mehr Widerstände sichtbar. Sie werden selten offen ausgetragen, es wird größtenteils verdeckt agiert: Vereinbarungen werden nicht eingehalten, Absprachen »missverstanden« usw.

Was liegt hier vor? Die Auflösung brachte ein Gespräch des externen Organisationsentwicklers mit einer Mitarbeiterin, die schon lange im Unternehmen tätig war. Sie berichtete: »Beim Vor-Vorgänger des jetzigen Vorstands gab es bereits einen Organisationsentwicklungs-

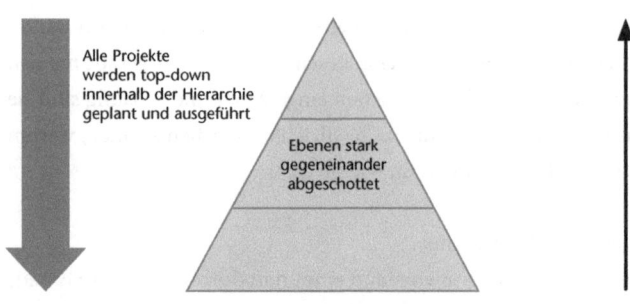

Ausgangspunkt: Situation des Unternehmens vor dem Change-Prozess: stark hierarchisierte Unternehmensorganisation, sehr langsame und komplizierte Prozesse

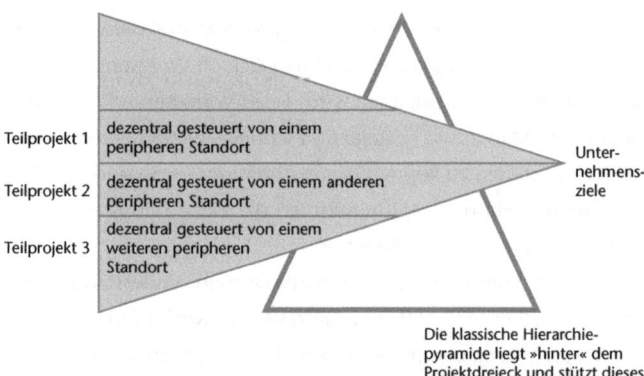

Zielvorstellung: Drehung der Pyramide um 90 Grad, sodass mehrere Unternehmensziele parallel verfolgt werden können

Abbildungen 5a und 5b: Changeprozess zur Dezentralisierung von Verantwortung

prozess, der die ›volle Power des Unternehmens freisetzen‹ sollte, indem die peripheren Standorte ermutigt worden sind, weitgehend selbstständig zentrale Geschäftsprozesse zu steuern – und zwar so, wie es für den jeweiligen Standort passt.« Oberste Regel damals: »Hauptsache, nahe am Kunden und schnell in den Prozessen!«

Das Ergebnis nach zwei Jahren war gewesen, dass das Unternehmen in eine erhebliche wirtschaftliche Schieflage geraten war, weil tatsächlich jeder Standort seine Prozesse so konzipierte, wie es aus der peripheren Sicht sinnvoll erschien. Dabei waren die Kosten für das Gesamtunternehmen massiv aus dem Ruder gelaufen, und viele Dinge, die man sinnvollerweise zentral hätte bündeln sollen – z. B. IT-Entwicklung –, wurden in jedem Standort quasi neu erfunden. Daraufhin stoppte der damalige Vorstand sehr energisch diese dezentralisierende Entwicklung und führte ein straffes Zentralregime ein, das deutlich hierarchischer funktionierte als die vorherige Organisationsform. Jetzt galt die Regel: »Die Anschaffung praktisch jedes Papierkorbs musste ab sofort von der Zentrale genehmigt werden.«

Es lag hier also der gar nicht so seltene Fall vor, dass man von einem Extrem ins andere rutscht: Sobald die Schattenseiten des gewählten Vorgehens zum Vorschein kommen, wird rigoros zurückgerudert. Im konkreten Fall war es sehr hilfreich für den Umgang mit den Widerständen gegen das aktuelle Organisationsentwicklungsprojekt, das »Gedächtnis des Systems« anzuzapfen und transparent zu machen, welche früheren Entwicklungen zu den aktuellen Regeln geführt hatten. So bestand die Chance, einen Weg zu suchen, der die Vorteile beider Seiten nutzen konnte, statt wieder ins gegenteilige Extrem der Dichotomie Zentralisierung – Dezentralisierung zu verfallen.

Beratende sollten sich immer bewusst sein, dass jedes Regelsystem, auch wenn es aktuell unverständlich oder gar »verrückt« aussehen mag, unter Bedingungen entstanden ist, die es einst sinnvoll erscheinen ließen. Diese Entstehungsbedingungen zu analysieren – und zu würdigen! – kann der entscheidende Schlüssel dafür sein, dass von Widerstand gegen einen Veränderungsprozess zum aktiven Mitgestalten gewechselt wird.

9 Technik der Erarbeitung impliziter Regeln

Wir haben bereits auf die Analogie zwischen impliziten Regeln von Systemen und dem Unbewussten von Individuen hingewiesen. In beiden Fällen geht es um »aufdeckendes Arbeiten« – dem, wie wir ebenfalls schon gesehen haben, normalerweise immer Widerstand entgegengebracht wird. Das gilt für Individuen und für Systeme gleichermaßen und liegt daran, dass das Verdecken – von Systemregeln oder von individuellen Bewusstseinsinhalten – einen Zweck verfolgt: dem System (oder dem darin agierenden Individuum) unangenehme Wahrheiten oder Erkenntnisse zu ersparen. Damit kann ein positives Selbstbild unter Ausblendung des »Schattens« aufrechterhalten werden. Es wundert daher nicht, dass wir im Falle von Systemen oft eine bemerkenswerte Diskrepanz zwischen der Selbstdarstellung im Hochglanzprospekt und der erlebbaren Wirklichkeit feststellen. In manchem Unternehmen, das stolz darauf hinweist, »Arbeitgeber des Jahres« in diesem oder jenem Wettbewerb geworden zu sein, ergibt sich ein völlig anderes Bild, wenn mit den Mitarbeiterinnen und Mitarbeitern darüber gesprochen wird, was sie in ihrem Arbeitsalltag erleben.

Insofern man also implizite Regeln für ein System erarbeiten will, wird man Umwege gehen müssen – eben weil diese Regeln versteckt sind und nicht offen zutage treten. In der Praxis sollten Mitglieder des Systems (idealerweise unterschiedlicher Hierarchie- und Funktionsebenen) Episoden aus ihrem Arbeitsalltag berichten, um darauf basierend eine Hypothese über eine implizite Regel bilden zu können.

Hierzu ein Fallbeispiel:
Ein Mitarbeiter der zweiten Hierarchieebene eines großen Unternehmens klagt über beständigen Zeitdruck. Gleichzeitig gebe es »viele Meetings, die nichts bringen«. Bei genauerer Nachfrage stellt sich heraus, dass Meetings oft bis zu zwanzig Minuten nach dem offiziellen Termin beginnen, weil Einzelne grundsätzlich zu spät kommen. Die implizite Regel, die der Klient schließlich selbst formuliert, heißt: »Bei uns müssen immer alle pünktlich sein, außer den Mitgliedern des Vorstands – auf die haben gefälligst alle anderen grundsätzlich zu warten.« Es wurde in diesem Fall deutlich, dass die Vorstände das Privileg des Zuspätkommens systematisch zur Machtdemonstration einsetzten – unter Inkaufnahme des Ärgers, der dadurch regelmäßig bei den anderen Personen innerhalb des Meetings entstand.

Es empfiehlt sich, die oben geschilderten Zusammenhänge (warum sind Regeln überhaupt verdeckt und nicht unmittelbar zugänglich?) den Klientinnen und Klienten zu erklären, bevor man sich an die gemeinsame Erarbeitung dieser Regeln macht. Die Erfahrung zeigt, dass sich dann oft eine große Neugier und ein bemerkenswerter Eifer feststellen lassen, die »aufdeckende« Arbeit mit vereinten Kräften zu erledigen.

10 Keyplayer und »social emotional leaders«: Wer verkörpert die Regeln?

Es wurde bis hierher deutlich: Implizite Regeln sind nicht irgendwo aufgeschrieben – im Unterschied zu den expliziten. Sie werden jedoch verkörpert durch die Personen, die sich gemäß den Regeln verhalten. Daher gehört zur Analyse von Systemregeln immer wieder die Frage, wer im System in besonderer Weise für diese Regeln steht. Wichtig dabei: Das müssen nicht immer die Offiziellen des Systems sein, z. B. die obersten Hierarchieebenen – eher sind es gerade die unteren Ränge, die aber schon lange zum System gehören, oft ist Anciennität bedeutsamer als Hierarchie.

Wie immer bei der Analyse verdeckter Ebenen in Systemen ist es dabei hilfreich, die sogenannten »social emotional leaders« zu identifizieren (Burke, 1971). Das sind jene Personen im System, die den Ton angeben. Man kann in einem Meeting beispielsweise oft beobachten, dass zuerst zu diesen Personen Augenkontakt aufgenommen wird, bevor sich jemand äußert. Diese »sozial-emotionalen Führungskräfte« sind häufig diejenigen, die auch die impliziten Regeln am klarsten verkörpern. Ihr Einfluss kann sehr groß sein, selbst wenn sie im formalen Organigramm womöglich keine bedeutende Rolle spielen. Bei einem angestrebten Veränderungsprozess empfiehlt es sich, diese Personen zu identifizieren und aktiv zu beteiligen. Wenn das nicht geschieht, werden sie häufig zu einer – nicht auf den ersten Blick erkennbaren! – bedeutsamen Quelle des Widerstands.

Hierzu ein Beispiel:
In einer Abteilung eines großen Konzerns hatte sich eine Reihe von Konflikten so angehäuft, dass sich der Geschäftsführer, der für diesen Bereich zuständig war, gezwungen sah, eine Mediation einzuleiten – der auch alle zugestimmt hatten. Im Rahmen der Mediation wurden für jedes einzelne konfliktäre Feld konkrete Vereinbarungen getroffen, die mit einem Zeitpunkt zu ihrer Überprüfung versehen wurden. Am Ende des Mediationsprozesses meinten alle Beteiligten, dass es jetzt eine reelle Chance gäbe, konfliktärmer weiterzuarbeiten.

Eine Teilnehmerin, Frau M., die sich während der Prozessarbeit wenig beteiligt hatte, verbreitete nun jedoch über diverse interne WhatsApp-Gruppen, dass die Mediation gescheitert sei. Tatsächlich beinhaltete das erarbeitete Mediationsergebnis einige Veränderungen im verdeckten Regelsystem, das bisher gegolten und von dem Frau M.

profitiert hatte. Es stellte sich heraus, dass sie eine sozial-emotionale Leaderin war, auf deren Urteil man in weiten Teilen der Abteilung große Stücke hielt. Das machte es in der Folge sehr schwer, die getroffenen Vereinbarungen umzusetzen, weil Frau M. durch ihr Agieren erfolgreich massives Misstrauen bezüglich des Mediationsergebnisses in der Abteilung säen konnte. Erst nachdem es gelungen war, den Zusammenhang zwischen den (sachlich nicht korrekten) geposteten Behauptungen von Frau M. und dem deutlich zunehmenden Misstrauen in der Abteilung allen Beteiligten transparent zu machen, hatte die Abteilung eine bessere Chance, das erarbeitete Mediationsergebnis umzusetzen. Der gesamte Vorgang führte außerdem zur Versetzung von Frau M. in eine andere Abteilung – was aufgrund ihrer Stellung im sozialen Gefüge ein durchaus schwieriges Unterfangen war, aber vom zuständigen Abteilungsleiter durchgesetzt wurde mit Hinweis auf die intrigante Vorgehensweise von Frau M.

11 Systemregeln verändern: Geht das, und wenn ja, wie?

Wie wir im Abschnitt 3.4 gesehen haben, können verdeckte Systemregeln sehr stabil und den Beteiligten manchmal gar nicht in vollem Umfang bewusst sein. Für den beraterischen Umgang mit diesen Regeln heißt das in erster Linie, die enorme Bedeutung von expliziten und impliziten Regeln zu kennen und nicht zu unterschätzen. Auf der expliziten Ebene ist das normalerweise kein Problem: Wie sieht das Organigramm aus? Wie sind die Zuständigkeiten und Verantwortlichkeiten verteilt, wie die Berichtspfade definiert? Wer hat welche Macht in der Organisation? Was sagt die Organisation über sich selbst (Vision, Mission Statements, Pressemitteilungen usw.)? All das ist normalerweise schriftlich festgehalten und leicht zugänglich. Aber auch hier empfiehlt sich, vor allem wenn es um die Machtverhältnisse geht, schon mal Fragen an Mitglieder der Organisation zu stellen:»Stimmt die offizielle Version mit Ihrer Wahrnehmung der Machtverteilung überein? Gibt es ›graue Eminenzen‹? Wenn ja: Woran machen Sie das fest?«

Bei den impliziten Regeln wird es naturgemäß schwieriger. Hier ist es sehr hilfreich, wenn Coaches oder Beratende mit verschiedenen Personen im System sprechen können. Welche impliziten Regeln nehmen sie wahr? Gibt es verschiedene implizite Regeln für verschiedene Teile des Systems (wie im obigen Beispiel:»Vorstände dürfen immer zu spät kommen, alle anderen haben pünktlich zu sein«)?

Bei jeder Formulierung einer impliziten Regel ist die Frage wichtig:»Worin äußert sich diese Regel? Können Sie Beispiele aus dem Alltag nennen?«

Erfahrungsgemäß schält sich für die Beraterin oder den Berater ein zunehmend schärferes Bild der Regeln heraus, die das System, um das es geht, tragen. Dieses Bild ist natürlich umso kompletter, je breiter seine Datenbasis ist – sprich, aus je mehr Quellen es sich zusammensetzt. Beim individuellen Coaching einer Führungskraft ist es daher immer wünschenswert, manchmal sogar unerlässlich, andere Mitglieder der Organisation zu befragen. Vor allem wenn der Fokus der Beratung auf einem Veränderungsprozess liegt, sollte man das bei der Vereinbarung von Coachingzielen von vornherein berücksichtigen.

Wenn ein Bild der expliziten und impliziten Regeln erstellt ist, lautet die nächste Frage:»Was ist die Geschichte dieser Regeln? In welchem (historischen, gesellschaftlichen, organisationsgeschichtlichen oder sogar mythologischen) Kontext sind sie entstanden?« Nicht selten liefert die Historie sogar Ansatzpunkte dafür, wo man mit einem Veränderungsprozess beginnen sollte.

Wenn die Frage nach der Entstehung beantwortet ist, stellt sich als nächstes die der Funktionalität: Welche Regeln haben sich bewährt und sind auch heute noch für die Ziele der Organisation funktional? Welche sind nicht mehr brauchbar und warum nicht?

Erst jetzt geht es um die Planung einer Veränderung. Meistens ist revolutionäres Vorgehen dabei weniger erfolgreich als evolutionäres. Das Ziel der Veränderung mag revolutionär sein – der Weg dorthin ist meist einer der kleinen Schritte. Als gute Standardfrage hat sich erwiesen: »Was ist der *kleinste* Veränderungsschritt, der von der Organisation toleriert würde, ohne dass die Widerstände zu massiv werden?« Viele ambitionierte Menschen mit großen Plänen (»We want to make the world a better place«) – ob in der Politik, einem Unternehmen oder einer anderen Organisation – scheitern daran, dass sie alles auf einmal und sofort wollen, statt strategisch wohlüberlegt und beharrlich auf ihr Ziel hinzuarbeiten.

Hierzu ein Beispiel:
In einem Unternehmen der Dienstleistungsbranche mit bundesweit ca. 11.000 Beschäftigten, verteilt auf ca. vierzig Standorte, galten zwei Regeln, die erste explizit, die zweite implizit: 1. »Jedes Projekt muss hierarchisch bis ›ganz oben‹ abgesichert werden, bevor mit seiner Umsetzung begonnen werden kann.« 2. »Alle irgendwie Beteiligten müssen eingebunden werden, ohne einen einstimmigen Konsens geht gar nichts.« Diese Regeln hatten sich als zunehmend dysfunktional erwiesen, weil notwendige Prozesse – vor allem das Eingehen auf konkrete Wünsche von Kundinnen und Kunden – viel zu lange dauerten, was die Wettbewerbsfähigkeit des Unternehmens ernsthaft zu beeinträchtigen begann.

Die kleinstmögliche Veränderung bei der ersten Regel bestand darin, dass der Vorstand festlegte, bis zu welcher (monetären) Grenze eine periphere Geschäftseinheit nicht mehr oben nachfragen müsse, wenn sie etwas unternehmen/investieren wolle. Diese Grenze war zunächst vergleichsweise niedrig – das System musste sich an die Regelveränderung in kleinen Schritten gewöhnen. Die zweite Regel war schwieriger zu modifizieren. Bewerkstelligt wurde das letztlich durch den Beschluss, ein geplantes Projekt müsse allen, die irgendwie davon betroffen sein könnten, *vor dem Start* zur Kenntnis gebracht werden. Nur wenn jemand aktiv nachfrage bzw. nicht einverstanden sei, müssten die Einwände ausdiskutiert werden – wenn nicht, könne die initiierende Person mit der Umsetzung des Projektes beginnen.

Beide Regelveränderungen wurden im System akzeptiert und führten zu ersten Schritten in die gewünschte Richtung: mehr Tempo und Flexibilität bei der Reaktion auf Kundenwünsche durch mehr Verantwortungsübernahme seitens hierarchisch nachgeordneter Einheiten des Unternehmens.

Was generell für Veränderungsprozesse in Organisationen gilt, gilt auch für die Veränderung von deren Systemregeln: Der Veränderungsdruck muss derart sein, dass er von der Organisation in konstruktives Handeln umgewandelt werden kann und nicht zu sinnlosen Blockadeaktionen führt, die alle Energie schlucken, ohne die Organisation im Sinne ihrer Ziele voranzubringen.

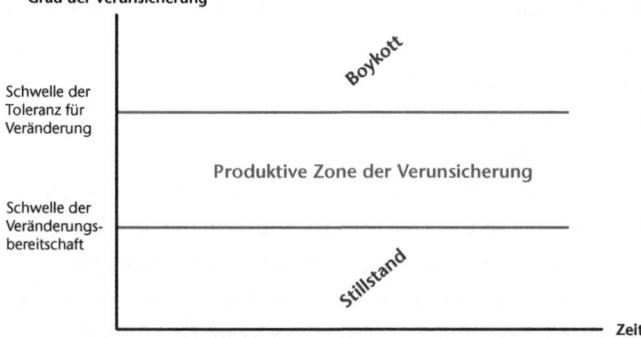

Abbildung 6: Die produktive Zone der Verunsicherung (modifiziert nach Heifetz u. Laurie, 1999, S. 55)

Abbildung 6 zeigt die »produktive Zone der Verunsicherung«. Wie zu ersehen, gibt es eine Untergrenze dieser Zone, unterhalb derer der Druck zur Veränderung nicht groß genug ist. Oberhalb dieser Zone wiederum wird die Toleranzschwelle für Druck überschritten, das führt zur Blockade. Nur innerhalb der produktiven Zone der Verunsicherung bestehen gute Chancen, Systemregeln zu verändern – darunter droht Stillstand, darüber Boykott.

12 Fazit

Sowohl individuelles Coaching als auch Organisationsentwicklung werden deutlich effektiver, wenn die offenen und versteckten Systemregeln routinemäßig analysiert werden, die in der jeweiligen Organisation, aus der die Nachfrage kommt, gelten. Dabei ist zu unterscheiden zwischen der Bewusstmachung dieser Regeln und den Konsequenzen, die sich aus der Analyse ergeben. In einzelnen Fällen spielt diese Analyse kaum eine Rolle für den Coachingprozess – etwa wenn eindeutig individuelle Themen der Klienten im Vordergrund stehen. In anderen Fällen vermag sie den entscheidenden Hinweis zu geben, wie ein Organisationsentwicklungsprozess gestaltet werden muss, damit er nicht scheitert.

Für Beraterinnen und Berater selbst kann der Blick auf die Systemregeln eine ernüchternde Wirkung entfalten. Zum einen werden die Grenzen individuellen Coachings sichtbarer, zum anderen wird deutlich, wie aufwendig Organisationsentwicklungsschritte häufig sind. Dennoch ist das meiner Erfahrung nach ein Gewinn für die Beratenden, indem diese zu mehr »Demut vor der Wirklichkeit« finden können, und für die Ratsuchenden, weil sie vor unrealistischen Erwartungen geschützt werden.

IV

Am Ende

Literatur

Alt, R. (2001). Mikropolitik. In E. Weik, R. Lang (Hrsg.), Moderne Organisationstheorien. Eine sozialwissenschaftliche Einführung (S. 285–318). Wiesbaden: Gabler.

Andersen, H. C. (1837/2015). Andersens Märchen. Braunschweig: Ideenbrücke (Edition Klassik).

Argyris, C., Schön, D. A. (2008). Die lernende Organisation. Grundlagen, Methode, Praxis (3. Aufl.). Stuttgart: Klett-Cotta.

Barthels, I. (2018). Machtmissbrauch in der Wissenschaft. Max-Planck-Forscherin nennt Vorwürfe »haltlos«. https://www.tagesspiegel.de/wissen/machtmissbrauch-in-der-wissenschaft-max-planck-forscherin-nennt-vorwuerfe-haltlos/22932720.html (Zugriff am 24.04.2020).

Bayerischer Rundfunk (Hrsg.) (2014). Radio Wissen. Das Thema: Die Viersäftelehre. https://www.br.de/radio/bayern2/sendungen/radiowissen/mensch-natur-umwelt/heilpflanzen-hippokrates100.html (Zugriff am 27.04.2020).

Berrone, P., Cruz, C., Gomez-Mejia, R. (2012). Socioemotional wealth in family firms: Theoretical dimensions, assessment approaches, and agenda for future research. Family Business Review, 25 (3), 258–279.

Bosetzky, H., Heinrich, P., Schulz zur Wiesch, J. (2002). Mensch und Organisation. Aspekte bürokratischer Sozialisation. Stuttgart: Kohlhammer.

Bourdieu, P. (1997). Zur Genese der Begriffe Habitus und Feld. Der Tote packt den Lebenden. Schriften zu Politik und Kultur, 2, 59–78.

Burke, P. (1971). Task and social-emotional leadership role performance. Sociometry, 34 (1), 22–40.

Detjen, S. (2015). Die Geschichte eines Satzes: »Der Islam gehört zu Deutschland«. https://www.deutschlandfunkkultur.de/die-geschichte-eines-satzes-der-islam-gehoert-zu-deutschland.1895.de.html?dram:article_id=308696 (Zugriff am 26.04.2020).

Elias, N. (1976). Über den Prozess der Zivilisation. Frankfurt a. M.: Suhrkamp.

Forgas, J. (1999). Soziale Interaktion und Kommunikation. Eine Einführung in die Sozialpsychologie. Weinheim: Psychologie Verlags Union.

Freud, A. (1936/1984). Das Ich und die Abwehrmechanismen. Frankfurt a. M.: Fischer.

Grabmeier, S. (2019). Arbeiten in der Start-up-Welt. Das Blendwerk der Möchtegern-Stars. https://www.manager-magazin.de/lifestyle/artikel/start-up-szene-new-work-arbeitswelt-ist-oft-eine-schoene-neue-scheinwelt-a-1264963-2.html (Zugriff am 26.04.2020).

Heifetz, R. A., Laurie, D. L. (1999). Mobilizing adaptive work: Beyond visionary leadership. In J. A. Conger, G. M. Spreitzer, E. E. Lawler III (Eds.), The Leader's Change Handbook (pp. 55–86). San Francisco: Jossey-Bass.

Ingenieur.de (Hrsg.) (2018). Frauen erobern den Ingenieurberuf. https://www.ingenieur.de/karriere/arbeitsleben/frauen-erobern-den-ingenieurberuf/ (Zugriff am 24.04.2020).

Jullien, F. (2018). Vom Sein zum Leben. Euro-chinesisches Lexikon des Denkens. Berlin: Matthes & Seitz.

Kellermanns, F. W., Schlippe, A. von (2012). Konflikte in Familie und Unternehmen erkennen, managen und vermeiden. In A. Koeberle-Schmidt, H.-J. Fahrion, P. Witt (Hrsg.), Family Business Governance. Erfolgreiche Führung von Familienunternehmen (S. 429–441). Berlin: Erich Schmidt.

Knoblach, B., Fink, D. (2012). Warum wir tun, was andere wollen: Psychologische Determinanten informeller Macht in Organisationen. Schmalenbachs Zeitschrift für betriebswirtschaftliche Forschung, 64 (7), 747–771.

Kuhn, T. S. (1973). Die Struktur wissenschaftlicher Revolutionen. Frankfurt a. M.: Suhrkamp.

Luhmann, N. (2000). Organisation und Entscheidung. Wiesbaden: Westdeutscher Verlag.

Pitzke, M. (2018). Katholische Kirche in Pennsylvania. »Missbrauch war weitverbreitet«. https://www.spiegel.de/panorama/gesellschaft/katholische-kirche-in-pennsylvania-der-missbrauch-war-masslos-und-weitverbreitet-a-1223212.html (Zugriff am 24.04.2020).

Purps-Pardigol, S. (2015). Führen mit Hirn: Mitarbeiter begeistern und Unternehmenserfolg steigern. Frankfurt a. M.: Campus.

Rohrberg, A., Hermann, D. (2019). Hinter den Kulissen – kleiner Leitfaden für kollektiv geführte Organisationen. Göttingen: Vandenhoeck & Ruprecht.

Sandel, M. J. (2014). Was man für Geld nicht kaufen kann. Die moralischen Grenzen des Marktes. München: Ullstein.

Schein, E. H. (1996). Kurt Lewin's change theory in the field and in the classroom: Notes toward a model of managed learning. Systems Practice, 9 (1), 27–47.

Schirmer, L. (2008). Carl Spitzweg. Leipzig: Seemann.

Schlippe, A. von (2014). Das kommt in den besten Familien vor. Systemische Konfliktbearbeitung in Familien und Familienunternehmen. Stuttgart: Concadora.

Schlippe, A. von (2018). Familienunternehmen im Coaching: Spezifische Dynamiken. In S. Greif, H. Möller, W. Scholl (Hrsg.), Handbuch

Schlüsselkonzepte im Coaching (S. 181–189). Berlin/Heidelberg: Springer.

Schlippe, A. von, Groth, T., Rüsen, T. (2017). Die beiden Seiten der Unternehmerfamilie: Familienstrategie über Generationen. Auf dem Weg zu einer Theorie der Unternehmerfamilie. Göttingen: Vandenhoeck & Ruprecht.

Selvini Palazzoli, M. (2004). Magersucht. Von der Behandlung einzelner zur Familientherapie. Stuttgart: Klett-Cotta.

Sprenger, B. (2016). Konflikte sind eine Chance für Verbesserungen. In O. Jedersberger, H. T. Baberg (Hrsg.), Die Wahrheit liegt dazwischen (S. 199–202). Berlin: Med.-Wiss. Verlagsgesellschaft.

Stiftung Familienunternehmen (Hrsg.) (2019a). Die volkswirtschaftliche Bedeutung der Familienunternehmen (5. Aufl.). München: Stiftung Familienunternehmen.

Stiftung Familienunternehmen (Hrsg.) (2019b). Beitrag der Familienunternehmen für Gesellschaft und Staat. Die volkswirtschaftliche Bedeutung der Familienunternehmen. https://www.familienunternehmen.de/fokus/beitrag-der-familienunternehmen-fuer-gesellschaft-und-staat (Zugriff am 24.04.2020).

Thielmann, W. (2014). Verfassungsgerichtsurteil: Sieg vor Gericht bringt katholische Kirche in Not. https://www.zeit.de/gesellschaft/zeitgeschehen/2014-11/katholische-kirche-arbeitgeber-bundesverfassungsgericht (Zugriff am 26.04.2020).

Trachsel, V., Fallegger, M. (2017). Silodenken überwinden. Controlling & Management Review, 61 (7), 42–49.

Watzlawick, P., Beavin, J. H., Jackson, D. D. (1969). Menschliche Kommunikation. Formen, Störungen, Paradoxien. Bern u. a.: Hans Huber.

Weinert, A. B. (2004). Organisations- und Personalpsychologie. Weinheim: Beltz.

Wikipedia (2020). Satz vom Widerspruch. https://de.wikipedia.org/wiki/Satz_vom_Widerspruch (Zugriff am 28.04.2020).

Wimmer, R. (2002). Aufstieg und Fall des Shareholder Value-Konzepts. Organisationsentwicklung, 4, 70–83.

Der Autor

Dr. med. Bernd Sprenger, Facharzt für Allgemeinmedizin, Facharzt für Psychosomatische Medizin und Psychotherapie, war insgesamt zwanzig Jahre Chefarzt dreier psychosomatischer Kliniken sowie Ausbilder und Supervisor für ärztliche und psychologische Psychotherapeuten. Zudem war er Ärztlicher Direktor und Klinikgeschäftsführer bei mehreren Gesundheitsunternehmen. Seit 2013 ist er selbstständiger Executive Coach und Organisationsentwickler in Berlin.
Details unter: www.bernd-sprenger-berlin.de.